JN083079

エビデンスの時代のFD

Faculty Development in the Age of Evidence

現在から未来への架橋

Current Practices, Future Imperatives

A・L・ビーチ／M・D・ソルチネリ
A・E・オースティン／J・K・リヴァード 著

林透・深野政之・山崎慎一・大関智史 訳

東信堂

We dedicate this book to our colleagues in the Professional and Organizational Development Network in Higher Education and beyond it, whose commitment and efforts created the field of faculty development, and to those whose vision and passion will create its future.

私たちはこの本を、POD ネットワークの同僚その他、FD の分野をつくるのに関与し努力した人々、ビジョンと情熱によって未来をつくり出そうとする人々に捧げる。

FACULTY DEVELOPMENT IN THE AGE OF EVIDENCE
by Andrea L. Beach, Mary Deane Sorcinelli, Ann E. Austin and Jaclyn K. Rivard
Copyright© 2016 by Stylus Publishing, LLC

Japanese translation published by arrangement with Stylus Publishing, LLC
through The English Agency (Japan) Ltd.

Japanese language edition published by Toshindo Publishing Co.Ltd.
1-20-6, Mukogaoka, Bunkyo-ku, Tokyo, Japan.

日本語版の序文

　この翻訳企画に至るまでには約10年近くに及ぶ経緯が存在する。私 (林) が前任校 (北陸先端科学技術大学院大学) に在職時、同大学の浅野哲夫 教授 (のちに学長) とともに、マサチューセッツ大学アマースト校を2度訪ね、メアリー・ディーン・ソルチネリ (Mary Deane Sorcinelli) 氏から組織的な FD (Faculty Development) 活動や FD プログラム設計に関する指導助言を受けたことに端を発している。その後、POD (the Professional and Organizational Development Network in Higher Education) の年次大会に毎年参加する中で交流が続き、2014年度に山口大学が採択された文部科学省・大学教育再生加速プログラム (AP) の海外アドバイザーにソルチネリ氏を委嘱、さらに2017年3月には、山口大学主催「国際シンポジウム2018」にソルチネリ氏とともに、アンドレア・L・ビーチ (Andrea L. Beach) 氏を招へいする相互交流に発展した。このような親交が育まれる中、私が研究代表者を務める科学研究費助成事業「日本の大学における組織開発 (OD) の担い手に関する実践的研究」(基盤研究C (一般)) において、日米 FD 共同研究に着手し、今回の翻訳の原著に巡り合うこととなった。この原著のベースとなった米国 FD 調査研究の成果を活かして、日本での FD 調査研究を進めることができたことは、ソルチネリ氏、ビーチ氏の献身的かつ温かい協力の賜物であり、感謝に堪えない。そして原著の価値を深く理解し、日本語訳に取り組むことを快諾していただいたことに併せて感謝申し上げたい。

　今回、この翻訳企画に取り組んだ最大のねらいは、昨今の日本の高等教育では「FD」という言葉が日常言語化する傍ら、エビデンスをもって「FD」の現状を見つめ、将来を展望するという視点が希薄になっていることに警鐘を促したい点にあった。2020年以降、日本の高等教育における FD が「エビデンスの時代」を確実に迎えることを見越したとき、この翻訳書が FD の現代から未来への架橋となることを強く祈念したい。

最後に、企画代表者として、アンドレア・L・ビーチ氏、メアリー・ディーン・ソルチネリ氏はじめ共著者 5 名にお礼を申し上げるとともに、翻訳出版の橋渡しをしていただいたスタイラス出版 (Stylus Publishing, LLC.) 代表ジョン・フォン・ノリグ (John von Knorring) 氏、株式会社東信堂 取締役社長 下田勝司氏に感謝申し上げたい。そして、翻訳企画メンバーであり、科研費研究分担者である深野政之氏、山崎慎一氏、大関智史氏の多大なる貢献に感謝申し上げたい。

企画代表：林　透

エビデンスの時代に向けた日本版 FD のための処方箋

　日本の大学において、FD（ファカルティ・ディベロップメント）は既に十分普及しているのではないか？　そんな声を耳にすることがあるが、本当にそうであろうか？

　確かに 2008 年には、大学設置基準において「大学は、当該大学の授業の内容及び方法の改善を図るための組織的な研修及び研究を実施するものとする」として FD が法令義務化された。また、教育改革に関する公募型補助金事業「文部科学省・大学教育再生加速プログラム（AP）」や「文部科学省・地（知）の拠点大学による地方創生推進事業（COC+）」などの申請要件として、専任教員の FD 参加率が 3/4 以上であることが求められるなど、日本の大学における FD は既に日常化していると感じる方が多いだろう。

　しかし、実際の大学現場では、専任教員の FD 参加率に苦慮する大学があるほか、FD 参加率が問われる一方において、FD 活動による効果（アウトカム）が十分に検証されているかというとかなり疑問である。例えば、文部科学省による最新調査（次ページ図参照）では、専任教員の FD 参加率が平成 24 年度から平成 28 年度にかけて改善される傾向にあるが、FD 参加率が専任教員の半数に満たない大学が未だ相当数ある状況を見逃すわけにはいかない。また、FD 活動の効果検証について、カークパトリックの研修効果検証モデルが良く知られているが、同モデルの第 3・第 4 レベルにあたる行動変容や組織変容に関する評価研究は乏しいと言われる（高比良美詠子ほか, 2017）。

　日本の大学における FD は、1991 年の大学設置基準大綱化以降、授業改善を第一の目的として、その産声を上げたといって過言ではないであろう。FD の第一世代として、寺﨑昌男氏、絹川正吉氏、安岡高志氏などが啓蒙的活動を行い、さらに、第二世代として、小田隆治氏、橋本勝氏、青野透氏、沖裕貴氏などが所属大学や大学間連携コンソーシアムをフィールドに精力的

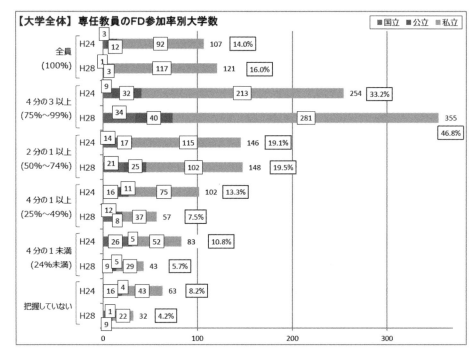

専任教員のＦＤ参加率別大学数

出典：文部科学省（2019）『大学の教育内容等の改革状況について（平成28年度）』

な活動を展開した。この第二世代では、橋本勝氏や木野茂氏が中心になって、学生が参画する形でのFD活動（学生参画型FDまたは学生FD）を展開し始めたことも注目に値する。その後、第三世代として、佐藤浩章氏、栗田佳代子氏、中井俊樹氏らがファカルティ・ディベロッパー専門職団体「日本高等教育開発協会」（JAED：Japan Association for Educational Development in Higher Education）を拠点にグローバル化を意識した活動を進めている。

　法令義務化以降の日本の大学のFD動向は、米国のファカルティ・ディベロッパー専門職団体であるPOD（The Professional and Organizational Development Network in Higher Education）のFDの定義を参照しながら、佐藤ほか（2009）が「授業改善（ミクロ・レベル）、カリキュラム改革（ミドル・レベル）、組織開発（マクロ・レベル）」の三層モデルを提唱して、大きく進展してきた。近年では、佐藤（2015）

が、従来の FD の定義を再考して、「大学教員に求められる総合的な学術能力開発の取り組み」と再定義し、その中核部分には、組織の発展（Organizational Development）と個人の能力開発（Personal Development）を位置付けている。さらに、佐藤 (2016) では、「エビデンスベースの高等教育開発」が国際的テーマになりつつある中で、日本においては、「高度なエビデンスレベルに基づく研究は設計することさえ難しいのが現状」と痛烈に指摘している。

　このような現状を概観してくると、日本の大学における FD が未だ発展途上の段階にあることを認めざるを得ない。日本の大学における FD の現状は、豊富な経験や行動力、さらには鋭い洞察力を備えた第一世代や第二世代の諸先輩によって大きく前進してきたが、現在から未来に向けて直面する多様化する教育学習環境に柔軟に対応し、かつ、その効果を見える化しながら活動するには、まだまだ乗り越えなければならない課題が沢山あるのではないだろうか。

　そんな日本の大学における FD の現状において、本書『エビデンスの時代の FD：現在から未来への架橋』は格好の処方箋となってくれるはずである。

　米国の FDer 専門職団体・POD は多様性を受容した組織に成長する中で、2001 年度と 2012 年度の 2 回にわたり会員調査が実施され、その経年比較をまとめたのが、原著である。米国の FD 活動の変容とともに、大学の規模や種別による FD 活動の傾向や今後の方向性が顕著に見て取れる内容となっている。

　日本ではこれまで FD 活動に関する大規模調査は少なく、FD 活動やその担い手に関するインプット項目のみを対象とした文部科学省の定期調査『大学における教育内容等の改革状況調査』のほか、FD センターの活動内容を調査対象とした国立教育政策研究所 (2008)、辻ほか (2013) などに限られ、いずれも特定の設置形態を対象とした調査や一定数の機関抽出調査に留まっていた。このような先行調査の状況を見ても、日本の大学における FD の見える化が不十分であることが分かる。

　我々のチームでは、日本の大学における FD に関する総合的調査が欠如した状況を重く考え、原著の価値を見出し、メアリー・ディーン・ソルチネリ氏とアンドレア・L・ビーチ氏と共同研究プロジェクトを組織することとした。そして、米国での FD 活動実態調査 "Creating the Future of Faculty Development: Charting Changes in the Field" の内容をベースに、日本の FD 活動の実態を把握するアンケート調査を設計・実施した。日本版アンケート調査設計においては、日本の大学特性に応じた修正を加えながら、ファカルティ・ディベロッパーの属性（経験年数・分野）、FD 組織構成・予算・機能、FD プログラムの目的・アプローチ・アセスメント、FD の将来展望などについて、択一式又は自由記述式で、計 33 の質問を設定した。当該アンケート調査結果の実施状況は以下のとおりである。

FD 活動の実態に関する日米比較調査アンケートの実施概要

実施時期	2015 年 10 月 30 日〜 12 月 11 日（12 月 25 日まで延長）
実施方法	ウェブアンケート　又は　質問紙による回答
実施対象	国公私立大学 FD 担当組織責任者 （国立大学 86 機関、公立大学 86 機関、私立大学 603 機関　計 775 機関）
回答状況	回答機関：国立大学 51 機関、公立大学 52 機関、私立大学 273 機関、 計 376 機関（回答率 48.5%）

　なお、FD 活動の実態に関する日米比較調査アンケート結果は、本書の巻末に転載した山崎慎一・林透・深野政之「日米比較研究から見る総合的な学術能力の開発に資する FD の構築」桜美林大学大学院紀要『大学アドミニストレーション研究』第 10 号（2020 年 3 月、pp.59-68）を参照願いたい。

企画代表：林　　透

参考文献

　国立教育政策研究所，2008，『大学における教育改善等のためのセンター組織の役割と機能に関する調査研究』平成 17-19 年度政策研究課題リサーチ経費研究

　　　成果報告書.

文部科学省, 2019, 「大学の教育内容等の改革状況について (平成 28 年度)」.

佐藤浩章ほか, 2009, 「FD プログラムの体系化を目指した FD マップの開発」『大学教育学会誌』31 (1) : 136-144.

佐藤浩章, 2015, 「重層的 FD のフレームワークと FD の実践的課題解決のための 5 つのポイント」『大学教育学会誌』37 (1) : 51-4.

佐藤浩章, 2016, 「エビデンスに基づく高等教育開発」『大学教育学会』38(2): 28-31.

高比良美詠子ほか, 2017, 「FD プログラムの受講が学生による授業評価に及ぼす影響　－中部大学における 3 年間の累積効果の分析－」『中部大学教育研究』17: 19-33.

辻忠博ほか, 2013, 「FD 等教育開発推進関連組織に関する実態調査―調査対象大学の実態と課題」『日本大学 FD 研究』1: 53-67.

翻訳にあたって

　翻訳チームは林透、深野政之、山崎慎一、大関智史の4名であり、それぞれ2章分を分担した。その後、深野が全体を見直して用語、文体を統一するとともに、大幅に修正を加えた。日本語訳及び訳語に関する責任は、全て監訳者の深野にある。

　翻訳の基本方針として、分かりやすい日本語になるように、できるかぎり直訳調にならないよう心掛けた。原著は4名のFD研究者（実践者、指導者、大学院生）による共著とされているが、どの箇所（章）を分担執筆したのか、原著に記載はない。ほぼ全文がビーチ（A. L. Beach）氏によって執筆されたものと推測される。とはいえ同じ事象を意味する用語が違うこともあったが、できる限り現実のFD活動、FDセンター、ディベロッパーの状況に沿うように訳文を統一した。

- Faculty Development は"FD"としたが、Faculty Developer は"ファカルティー・ディベロッパー"とした。
- Educational Development は、明らかにFDと同義である箇所では"FD"としたが、"教育開発"と直訳する必要のある箇所（序章と第5章）もあった。
- Education Center、Education Develop Center は、FDセンターと同義のことが多いが、組織名称なので"教育センター"、"教育開発センター"とした。
- Director は、FD組織責任者のことで、FDセンター長、部長、FD委員長を意味するが、そのまま"ディレクター"とした。
- Institution は多くの箇所で"大学"とした。アメリカで"大学"を指す用語は College and University、"高等教育機関"は Higher Education Institution であるが、原著者にも確認した上で、多くの場合 Institution を"機関"と訳すよりも"大学"とした方が適切と判断した。

監訳：深野政之

目次／エビデンスの時代の FD：現在から未来への架橋

表一覧

エビデンスの時代の FD：現在から未来への架橋

序　論

　機会、選択肢、関係、制約、これらの用語は、21 世紀初頭のアメリカ高等教育を記述する際に、同時に使うことができる。大学が直面している変化に次ぐ変化は、学生、父母、議員、雇用主にとって非常に重要な変化であり、特に高等教育機関の中で教育、研究、サービスの使命を遂行する教員にとって重大であった。教員がそれぞれの職務で遂行する創造性と専門性、献身は、彼らの学生や広い社会に対する大学の貢献の質を決める不可欠な構成要素である。教員の職務は、大学による職能的 FD 活動に対する投資によって支えられており、それは大学の発展や、研究業績、教員の個人的な福利に対する重要な戦略的投資である。今日の FD を検証すること―その目的、ファカルティー・ディベロッパーの役割、優先課題、新たな方向性―が、この本のトピックとなる。

　2006 年に私たちは、北アメリカの ―― 合衆国とカナダの ―― ファカルティー・ディベロッパーを大規模に研究した最初の本である *Creating the Future of Faculty Development: Learning from the Past, Understanding the Present*（Sorcinelli, Austin, Eddy, & Beach, 2006）を出版した。この本では、FD の進化、ファカルティー・ディベロッパーとプログラムのポートレート、FD サービスの目指す結果の分析と、ファカルティー・ディベロッパーから見た優先順位と、この分野の将来像を描き出した。急速な変化を続ける高等教育機関と教員に影響する要素を知るために、この新しい本 *Faculty Development in the Age of Evidence: Current Practices, Future Imperatives,* では、前回出版されたデータの 10 年後を見ることにした。私たちは特に、この分野の最新の FD、新しく出てきた優先課題や実

践について興味を持っている。また、さらに FD が大学の戦略的計画に不可欠なサポートをするようになっていて、ファカルティー・ディベロッパーと FD センターに対して機会と課題が与えられるようになっているという証拠を積み上げようとした (Austin, 2011; Cook & Kaplan, 2011; Maxey & Kezar, 2015; Schroeder, 2010)。私たちの、そして他の人々の観察や研究、そして経験は、私たちが最新版にした FD の現状分析と、これからの 10 年間に必要とされるファカルティー・ディベロッパーの課題を裏付けるものであった。

　私たちの前書の書名のように、FD の現状を理解し、将来に向けた次のステップを探ること、「過去から学び」「現在を知る」ことが必要である。であるから、この章ではこの分野の名前と定義について取り上げた後、前回の本ではもっと詳細に取り上げたが、FD の歴史、または「FD の時代」について、今回は少しだけ概観する。そして直近の時代、「ネットワークの時代」と特徴づけられる 21 世紀初頭に戻ってくることにする。ここでは、最近 10 年以上の間に、この分野において非常に影響のあった重要な課題について着目する。また、前書の最後で出てきた課題であり、難しい問題として残してきた課題、将来計画の中に教員、大学執行部、そしてファカルティー・ディベロッパーがどう関わるのかという予測について、読者に再度問うことにする。私たちは高等教育の今日の状況と、FD が直面している現状に焦点を当てる。この章では、本書の構成についても取り上げる。

1．FD の定義の再検討

　FD は高等教育において新しい現象ではないが、職業としては若く、まだ半世紀も経っていない。比較的若い分野として、まだ通称としての合意を求めている。現在でも FD の分野は、多数の言い換え可能な用語があり、特に合衆国では、教育開発、FD、職員開発、職能開発といったように呼ばれる。この分野の研究者の中には、この分野を何と呼ぶかの議論は生産的ではあるが、共通認識に達することはできないと言っている (Gillespie & Robertson, 2010; Schroeder & Associates, 2010; Sorcinelli, Austin, Eddy & Beach, 2006)。この本の読者

は、この分野に多数の用語があることを知っているであろうが、とは言っても一貫性が必要なので、特に合衆国の高等教育で共通して認められている用語として FD を使い続けることにする。

　Bergquist and Phillips（1975）と Gaff（1975）による独創的な枠組みが、この分野を最も早い時期に定義しようとしたものである。Bergquist and Philips は、効果的な FD には多様な側面があり、授業、個人、組織の開発という 3 つの次元が相互に作用すると主張した。この枠組みにおいて、ファカルティー・ディベロッパーは大学の教学面の改善、教員の個人的開発（例えばキャリアプランニング）、教学面での授業環境の効果的支援に集中した。Nelsen（1981）では、FD を「教員の職業生活におけるすべての面――教員として、研究者として、アドバイザーとして、組織指導者として、大学の意思決定に貢献する者として――でのパフォーマンスを改善しようとする行為」(p. 9) と記述した。この他にも、FD の定義において重要であるとされているものに、教育開発や教育刷新と狭く捉えるものもある。例えば Gaff（1975）は、FD を「才能を伸ばし、関心を拡げ、能力を改善し、そして特に授業担当者としての役割として、教員の職業的、個人的成長を促す」(p. 14) ものと定義した。

　こうした圧力は、40 年後にも残っている。FD の分野は進化し、プログラムは教室での授業における個別コンサルテーションから、メンタリング、論文執筆、キャリアの昇進、リーダーシップやワーク・ライフ・バランスまで連続的に拡がっている。ファカルティー・ディベロッパーの中には、教員の教師としての役割を支援したり、学部学生の教育・学習面の改革を補助したりすることに取り組み続けている者もいる。この他では、教育と研究、大学内の専門職自治、教員としての同僚や学内の他の人々との関係、学内行政機構の相互作用が重要な論点となってくる (Debowski, 2011; Schroeder, 2010; Sorcinelli, Gray & Birch, 2011)。Lee（2010）は、FD の到達点が拡がることによって、成功の機会と失敗の危険――教育・学習を教員が係わったり進めたりする合法的領域であるとするのか、それとも研究が優勢となることによって教育・学習が暗黒になるのか――が同等にできたことを示した (p.32)。信じられないほど多様なアメリカの FD プログラムや FD センター、大学の状況下では、目

的と組織、サービスの視野が拡がることと包合的になることとの間の緊張関係が、継続的かつ慎重な省察の対象であり続けるであろう。

　同様に、the Professional and Organizational Development Network in Higher Education（高等教育の職能／組織開発ネットワーク、POD）という素晴らしい協会が、1976年の創立以来、職業的なアイデンティティーの課題に取り組んでいる。その手始めとして、教員と大学の教育的／組織的開発を通じた高等教育の改善を支援するネットワークの概念的枠組みを提供し維持することが、PODの目的とされた（Buhl & Wilson, 1984）。教員の中心任務を教育センターでの業務とし、"FD"という用語をほとんどのプログラムで使うようにして、PODによって"FD"の用語がこの分野で多く使われるようになってきた（そしてほとんどの場合、今日ではその通りになっている）。

　とはいえ他の多くの組織と同じように、その基本理念と使命は創立当初から現在までの間に進化している。PODは最近、戦略計画（2013-2018）をたてて、「高等教育における教育開発者とリーダーを支援することによって教育・学習を充実させることに奉仕する高等教育職業人の協会」と定義した（POD Network, 日付無し）。これはたしかに現在進めているFDと組織開発を通した教育・学習の充実を進めるという、ひとつの使命を表したものである。この改訂された定義と使命には、特記するべきことが二つある。一つ目は、PODの現在のFDリーダー達が"educational development"（教育開発）という用語を使うことである。これはオーストラリアやヨーロッパとも共通していて、この分野の周辺にある学問分野での活動や大学レベル、学生の開発やFD、組織のリーダーシップといったような分野にもあてはまる、この分野の枠組みをよく表しているのだろう（Little, 2014）。二つ目は、この定義が幅広い教員の関与というよりは、教学企業としての意識を強くしようとする動きを表していることでもある。これはこの分野のリーダー達が、幅広いステークホルダーたちの増え続ける要求や期待に応えられるように、この分野の境界を動かす必要があると感じていることの反映である。この本で示す調査結果は、ファカルティー・ディベロッパーが幅広い多様な目的を持っていて、彼らが担当する教員のニーズや、大学の使命、高等教育にかかる外部的な圧力——知識、

テクノロジー、学習や職務の変容——に関連した多様な目的のうちのいくつかを、自分自身の責務だと見なしている。

2．FD の進化の再検討

前回の研究では、この分野の過去半世紀以上の歴史的発展、FD の進化について、4 つの「時代」（"学者の時代"、"教師の時代"、"ディベロッパーの時代"、"学習者の時代"）に区分して、概念化した。そしてこの分野が、新しい時代「ネットワークの時代」に入ったことが書かれた（Sorcinelli et al., 2006）。これまでの時代では、特定の人々やその役割（研究者であるとか教員であるとか）について焦点が当てられていたが、最近では人々や組織の相互の接続システム（ネットワークなど）について、特別な関心がもたれるようになっている。同様に、今までの 5 つの時代における北アメリカと西洋の FD の発展を記述する際に最も重要なことは、FD プログラムが世界中に急速に拡がったことと、グローバルに拡がりつつある未来の時代に不可欠な枠組みであるということである（Chism, Gosling & Sorcinelli, 2008; Dezure, Chism, Sorcinelli, Cheong & Ellozy, 2012; Sorcinelli & Ellozy, 2016）。

学者の時代（*the Age of the Scholar*；1950 年代から 1960 年代初頭）には、*FD* という用語は第一に研究能力を向上・改善するものであった。Eble and McKeachie（1985）や Rice（1996）等では、職業能力開発の主要な目的を、教員たちが研究分野での知見を最新に保ち、研究休暇により専門性を拡げ、より高い学位を取得するための研究資金獲得を助けることとしていた。正式なプログラムを持つ大学は数少なく、成果の測定もほとんど行われなかった。

"教師の時代"（*the Age of the Teacher*；1960 年代中盤から 1970 年代）には、教員が自身の研究分野を準備するだけでなく、教育できるようになるべきであるという現実を反映して、FD プログラムが始まった。そして、教員の研究者としての生命を維持するという目的は刷新され、教員を教育者として開発することに重点が置かれるようになった。民間財団からの大学への支援により、全学レベルの教育・学習センターがつくられ、1970 年代中盤の調査では 40％

の大学に教員を支援し教育を改善するための、個人的なプログラムとしての、または一連の実践としての活動があった (Centra, 1976)。また FD は、アメリカにおいて 1976 年に創立され、いまや世界最大の FD 協会となった POD を通して、職業的アイデンティティーを確立した。

1980 年代はアメリカと諸外国の FD にとって重要な成長の 10 年であった。"ディベロッパーの時代"(*the Age of the Developer*;1980 年代)は、大学が学生の学習にもっと資源を注ぐべきであるという連邦政府報告書(『危機に立つ国家』"*A Nation at Risk*", 1983 など)の批判に対応したものであった。FD が授業担当者個人の支援に焦点を当てているにもかかわらず、この 10 年間には教員のキャリア・ステージや、教員の個人的成長とともに集団を重視する教員の学習コミュニティーに関心が拡がっていった。FD プログラムは学内外の資金によって、教育成果の測定や、教師としての教員の評価を通した FD に関心が高まっていった。1986 年には Erickson が、10 年前に Centra が行った調査に対応した FD 実践の調査を実施した。4 年制大学の 50%に正式な FD または教育改善のサービスがあり、10 年前の調査より約 40%増えている。教育開発センターへの関心が国際的にも拡がっており、オーストラリア、カナダ、南アフリカのような国々では、高等教育の教育・学習に関する独自の協会がつくられている。

"学習者の時代"(*the Age of the Learner*;1990 年代)は教育・学習のパラダイムが変化したことに特徴付けられる。教育に代わって学生の学習がセンターステージに現れ、教員は空の容器に知識を注ぎ込む賢人としてではなく、学生の学習に寄り添うガイド役となった (Barr & Tagg, 1995)。多くのセンターは、授業担当者が学習理論を理解して、学生の教育ニーズに適合したアクティブラーニングを含む技能や戦略のレパートリーを拡げるのを助けることに力を注ぎ続けた。同時に 1990 年代のセンターの目的と優先課題は、大学教育に劇的な変化をもたらした新しい技術開発その他にも影響を受けた。大学教育で実際に使われるプレゼンテーション・ツールやウェブサイト、教室システムやオンライン授業といったテクノロジーの爆発的増加があった。これに加えて大学と教育・学習センターは、評価と成果測定に対して留意する必要が

出てきた。それは学科や大学や州システムからの期待であるとともに、教室
内で教員が個人的に直面する期待でもある。

　1990年代の間には、この分野での大規模な研究は行われていないが、Cen-
tra（1976）と Erickson（1986）のフォローアップとして、POD の団体会員とし
ての教育・学習センターが、研究大学ばかりでなく小規模大学や総合大学、
コミュニティー・カレッジでも増加している。さらに言えば、センターの活
動の幅が進展し拡がってきた。この中にはファカルティー・ディベロッパー
が主導するような活動を含んでいる。学習と教育における卓越性の必要性は、
地球規模で、デンマーク、フィンランド、ドイツ、アイルランド、ニュー
ジーランド、ノルウェー、オランダ、スウェーデン、イギリス連邦のような
国々でも、教育センターがつくられるきっかけとなった。教育学の問題とし
ては、世界的な高等教育開発の促進を目的とした国際教育開発コンソーシア
ム（ICED）が1993年に創設されたようなことが興味深い。

　私たちの2006年の研究では、新世紀に新たな時代"ネットワークの時代"
が始まっていることが分かった。私たちは学生集団、教員集団、教育・学習
のコンセプト、研究者の性質の変化によって、ファカルティー・ディベロッ
パーに求められる課題がより複雑になってきていることを指摘した。新たな
期待に対応して、学部や学科と同様に図書館や教育センター、教育テクノロ
ジー部署や評価室のような利害関係者との協働の努力を強める必要があるこ
とを示した。ファカルティー・ディベロッパーはそのようなパートナーシッ
プや組織的変化に関心があることを表明するとともに、教員や管理職者、組
織、その他の専門家へのサービスには限界があることを明らかにした。

3．ネットワークの時代の検討課題

　"ネットワークの時代"という挑戦的な提起に対応して、2006年の本では
新世紀に FD が進む方向を指し示すために、作業用の検討課題を提示した。
私たちはすべての大学に適用する単一の FD モデルは、大学によって優先課
題は異なるし文脈上の要因も異なるため適切ではないと話し合った。FD に

求められているものを数えるにあたって、この文脈では7つの広い意味での取り組みを、この分野全体で共有する認識として（関連する疑問も含め）提起する。私たちは以下について、教員、大学執行部と、ファカルティー・ディベロッパーも含めて考えていきたい。

(1) 専門職としての準備と能力開発を促進すること：

キャリアパスや専門職としての準備を含む、専門職にふさわしいFDの役割に対して、さらに注意と考慮を向けるべきであること。

(2) 研究を実践に活かすこと：

ファカルティー・ディベロッパーは関連した研究論文により最新の知見を追うように努力するべきであり、自らの実践に研究成果を活用するべきである。

(3) FDの視野を拡げること：

FDは大学のミッションに直接つながっているべきであり、また大学の戦略的計画と明示的に統合されているべきであり、大学のミッション全てを通して教員の仕事と連携し、支援するべきである。

(4) 個人と大学のニーズを結びつけること：

FDは、教員の関心と、より大きな大学の関心事の両方に寄り添うべきである。そうすることによって、FDのイニシアティブは教員の職務の支援と、大学が優秀で効果的で、高品質になることを促進する引き金となる。

(5) 文脈も重要である：

FDセンターとFDプログラムは共通の目標を持つべきであり、優れたプログラムにはその大学の文化やミッション、学生や教員や教員指導部の必要に合った方法が求められる。

(6) 教員の多様性を再定義する：

効果的なFDプログラムは教員の多様性を誇り、促進する。であるから、単一モデルのFDプログラムは、教員それぞれのキャリア・ステージや職位、性別、人種その他の多様性に合ったプログラムとは言えない。

(7) FDは全員の職務である：

効果的な FD は、個人と大学両方のニーズに合ったコミュニティー・ワークであるという、大学からの委任と協働、認識を必要とする。こうすることによって、FD のコミュニティーは教育センターだけでなく、図書館や情報技術者、評価専門職員や学生担当職員をも含むものとなる。

4．ネットワークの時代から見た高等教育

　2006 年に "*Creating the Future of Faculty Development*"（Sorcinelli, et al.）を出版してから、高等教育の劇的な変化の速度は、さらに加速された。私たちは前回の本で、"ネットワークの時代" が 3 つのテーマ—教員の役割の変化、学生集団の変化、教育・学習・研究の性質に関連する変化—で特徴づけられることが、教員とその仕事、そして FD の分野にも影響を与えていることを論題とした。まさにその後の 10 年は、これら 3 つのテーマでの継続的変化を見ることが重要であるとの、私たちの主張が的確であったことを示している。

（1）教員の役割変化

　教員の役割変化という場合の教員は、テニュアトラックからノン・テニュアトラックへ、常勤から非常勤へと劇的に変化しつつある（Gappa, Austin, & Trice, 2007; Kezar & Sam, 2010; Schuster & Finkelstein, 2006）。例えば現在では、公立または私立の高等教育機関に勤める教員（常勤と非常勤）の 3 分の 2 が、ノン・テニュアトラックであり、不安定な地位にある。こうした変化は、教員のキャリアの性質に対して、その教員の経験——自律した経験、経験年数、エネルギー——の違いに関することや、違うポジションにいる教員たちが職業能力開発に関わらなければならないという意識を持つのか、大学が違うポジションにある教員に対してキャリア投資を拡げようとするか、といった疑問を投げかける。すべての教員が FD の支援を受ける機会を持つべきであるが、FD プログラムのリーダーや FD センターが教員の性質変化に応じた時間配分や資源投資をしようとしても、否定的な判断をされることが多い（Gappa, Austin, & Trice, 2007）。

　多くの大学で、教員の性別、人種や民族といった多様性を拡げようと努力している。全米の教員の43％が女性であり、常勤教員の19％は有色人種であり、過去10年間で有色人種の教員は30％増えた（Trower, 2012）。とはいえ特定の学問分野や大学類型によっては、性別や人種の格差が根強く残っている。

　同時に、教員が「高齢化して、在職している」という証拠もある。2000年と2010年の間に65歳以上の教員はほぼ倍増し、大学教員は他のホワイトカラーの職業と比べて非常に高齢化率が高くなった（Barker, 2012）。2015年の教員のキャリアと退職に関するTIAA CREF調査によると、50歳以上のテニュア教員の49％が退職年齢の67歳の後も十分に働きたいと希望し、働くことを期待している。それ以外の19％も退職はしたいがもっと長く働くことになるとしており、67歳で退職することになるというのは35％だけであった。これは将来の教員のほとんどが、非常に高齢の教員ばかりになるということである（Yakoboski, 2015）。教員の多様性——属人的性質と同様に雇用形態でも——を増やす努力を強め、維持するという課題は、ファカルティー・ディベロッパーが直面しなければならない非常に難しい重要な課題である。

(2) 学生の成功を重視する

　学生の成功に関する圧力もまた、今日のFDに関連する重要な構成要素である。高等教育に多額の資金を支出する州議会、連邦政府や、ゲイツ財団、ルミナ財団、高等教育政策研究所のような組織から、中等後教育へのアクセス、費用負担、学業継続について厳しく問われている。同時に学生の教育にかかる家族による私的負担も重く、学生の確実な学習成果と教員の質に対する期待が膨らんでいる。家族や雇用主たちは、入学した学生が働く能力を身に付けて卒業することを期待している。

　国レベルでは、初等・中等教育で増えつつある多様な生徒たちが、費用をかけずに、高等教育にすぐに入学して、成功裏に卒業していけるようにすることに関心がある。大統領府（ホワイトハウス）による「大学の入学と卒業に関する実施計画（College Access and Completion Agenda）」では、高等教育の成果の改

善を、卒業率の増加という用語で表している (Olson & Riordan, 2012)。同時に、大学入学の準備ができていない学生も、テクノロジーを使った学習に適応しない学生も、教育経験が将来の自分の雇用機会にどのように関係するかに関心を持たない学生も、幅広く高等教育に入ってくる。この期待と圧力によって FD の意味は、大学が教員に対して、彼らが学生に効果的な学習経験を与え、学習の目標に上手く到達させ、大学の学位をとるのを支援するというだけのものになってきている。

(3) 教育・学習の性質の変化

　学生の入学、学業継続と成功に密接に関連することとして、教員の職務の性質、特に教育・学習に関する職務の性質の変化がある。教員に対して、インパクトのある手法、エビデンスを用いた手法、実践—たとえば、PBL やカリキュラム横断型のレポートのような学生中心のアクティブラーニング技法を含む—を使うよう、強く求められている。STEM (理工系) 分野には多くの資金提供の機会があり、とりわけ全米科学財団 (NSF) による様々な助成金は、エビデンス・ベースの教育を促進しようとする高等教育機関が教育システムを変更しようとする際に、特に重要な動機となる。米国科学アカデミー (NAS) の "*Discipline-Based Education Research*" (National Research Council, 2012) と、その新版の "*Reaching Students*" (Kober, 2015) という本には、教育・学習の実践を改革する際に、大学と教員に対して必要となる配慮を求めた、分かりやすい国家計画の例が書かれている。

　様々な専門分野の学会の全国大会で、教育に関連した議論に時間が割かれ、エビデンス・ベースのアプローチに向けた教育実践の改革が促されている。専門分野において、教育改革の目標とプロセスについて注目した一つの例が、生物学の分野における教育・学習の新たなアプローチのための機会拡大を志向した "*Vision and Change in Undergraduate Biology Education*" (2011) である。この報告書は、全米科学財団から援助を受けたアメリカ科学振興協会 (American Association for the Advancement of Science) から刊行されたものである。未来の教員が教師としての役割を準備するべきであるという関心は、過去 10 年以上

にわたってかなり増えている。その顕著な例が、全米科学財団から援助を受けた CIRTL（研究・教育・学習の統合センター：www.cirtl.net）である。このセンターは、大規模な大学間ネットワークをつくって職業能力開発の機会を提供し、未来の教員が文献資料について学び、教育・学習に関連する研究を行い、教師としてのコンピテンシーを開発し、教育実践と学生の学習を改善するために研究ベースの探求アプローチを実施するのを支援している。

　また、教員に対するエビデンス・ベースの教育アプローチの使用を求める圧力には、教育・学習の実践におけるテクノロジーの継続的な影響がある。大学においても、伝統的な対面授業においても、テクノロジーは学生の学習経験に組み込まれてきている。対面授業の中でテクノロジーを取り入れた学習経験と、完全なオンライン授業を使ったブレンド型授業は、多くの教員にとって教育手法のレパートリーの一部となっている。さらに、MOOCs（大規模公開オンライン講座）の拡大と、学習データ分析、データによる個別対応学習システムは、高等教育における伝統的な教育・学習の概念や次元が、明らかに時代遅れになっていることを明らかにした (Bass, 2012)。これらのアプローチの登場によって、大学と教員の両方に対して、近い将来、知識や情報の伝達、学習、教育とその他の職務の状態について考え直すことが必要となるだろう。

(4) FD の地平の変化

　これらの潮流の一つには、教育改善を取り巻く「すり合わせ」戦略や互換関係といった意味があるように見える。教員たちは自分たちが必要だと考えるサポートを、自分たちで組織する方法を見つけている。大学の中には、例えば理系大学の教員は、同僚教員が組織した、自分の大学独自の FD プログラムで能力開発を行っている。最近つくられた STEM 教育センター長連合 (The Coalition of STEM Education Center Directors) は、この流れを反映している。この連合は 2014 年 10 月には独自に大会を開催し、2015 年夏には公立・ランドグラント大学協会 (Association of Public and Land-grant Universities：APLU) と Alfred P. Sloan 財団から援助を受けて大会を開催した。これらの流れは、大学

に FD の役割をより重視するように仕向けるものであるが、FD の機会をどのようにつくるのが良いのか、誰が FD のリーダーシップ役を担うのが良いのかといった疑問もまた持ち上がってきた。

　過去 10 年間にこれらの能力開発を妨げたものは、高等教育支出に対する継続的で幅広い関心である。大学に対して、コストを減らしつつ、たくさんのことをしなさいという圧力が高まっている。この圧力の一つの表れが、研究大学ばかりでなく総合大学やリベラルアーツ・カレッジでも、教員が継続的かつ創造的に助成金獲得を追求するべきであるというものである。その例として、少なくとも研究大学では、自大学に利益をもたらす起業的事業に取り組むよう依頼を受けることがある。こうした期待は、FD センターと研究部門が共同して、教員がそのような助成金に関連した活動や、起業的事業に取り組むのをサポートするよう促すであろう。ファカルティー・ディベロッパー全員に対してもっと関係することは、こうした教員への圧力が、教員としての職業的成長の機会には時期が重要であり、教員の時間に対する様々な圧力の中で十分に尊重されるべきであるということを意味する。

　この 10 年の急速な変化を通して、私たちは FD 分野のエキサイティングな発展を見るとともに、課題についても見てきた。正式な、全学組織としての FD センターの比率が、次の章で示すように上昇し続けている。教育・学習センターの、「変化の仲介者」"change agents" としての役割も重視されるようになってきた。近年では、専門分野での関心が熱烈に高まり、国内外での教育・学習に関する議論が、エビデンス・ベースの教育実践や、テクノロジカル・プラットフォーム、学習分析に関するものに変わっている。北アメリカで見られるこれらの流れと同時に、中国、クロアチア、エジプト、イスラエル、日本、パレスチナ、サウジアラビア、スリランカ、スイス、台湾、タイ (ICED, 2014) のような多くの国々で、教育・学習センター、教育部門や、新たな FD ネットワークが拡がっている。本書では北アメリカの FD に焦点を当てているが、他国の高等教育に従事する同僚からの FD についての関心では、北アメリカ大陸が与えたモデルの中で多くの議論が共通していたことを記しておく (Dezure, Chism, Sorcinelli, Cheong & Ellozy, 2012; Sorcinelli & Ellozy, 2017)。

　これまで記述してきた高等教育とFDのダイナミックな文脈に沿って、この分野で有用な、FDの優先事項、構成と実践に関する補充調査を行うこととした。それに加えて、私たちが“ネットワークの時代”に広く行われると規定した実践が、大学、全国、国際的な新しい状況の中で発展しているのか、変化しているのかについても興味がある。そしてこの今回の研究が、前回の研究で提示されていた多くの疑問を改めて探求し、高等教育内外で起きた他の環境変化による影響を付け加えることとする。この研究はファカルティー・ディベロッパーが提供している実践やサービスとともに、この分野で求められている優先事項を再調査するものである。それは前回の調査でFDの組織を調べたものよりも深く、ディレクターの性質（たとえば教育背景や専門分野、経験年数）や運営予算、センタースタッフのレベル、協働や再組織化、組織統合のパターンも含むものである。私たちはまた、ファカルティー・ディベロッパーが何を「意義あるプログラム」であると見ているかや、彼らのプログラムが教育・学習やその他の重要な成果に対して与えるインパクトの評価方法についても焦点を当てた。前回の研究で行ったように、私たちはファカルティー・ディベロッパーたちに「未来を見て、この分野の2026年に至るビジョンを共有」するように依頼した。

(5) エビデンスの時代の到来

　これ以降の章で議論がなされる通り、私たちは新たな時代―私たちが“エビデンスの時代”と呼んでいるものがすでに到来していると見ている。この新たな時代は、学士課程教育の成果や、学生の学習、学生の成功のための学術プログラムや、大学の使命の優先事項におけるFDのインパクト評価について関心を高めているステークホルダーから影響を受けている。ファカルティー・ディベロッパーは、学生の学習を調査し記録するという、教員個人と大学の両方からのニーズに対して支援を求められている。同時に、ブレンド型／オンライン教育や多様性、エビデンス・ベースの実践を拡充することといった、大学のより幅広い優先事項について取り組むよう求められる（Schroeder, 2010; Selingo, 2013; Bowen, 2013）。彼らは、聴衆の幅を拡げるように求

められ、伝統的な教授職であるテニュアを取得した教員やテニュア直前の教員ばかりでなく、常勤教員、非テニュア・トラック教員、非常勤教員、大学院生教員のニーズにも対応するよう求められている。彼らは自分たちのプログラムに「投資に対するリターン」を明示するよう圧力が高まっていると感じている。次章以降で扱うエビデンスは、大学のFDに対するニーズと優先事項もまた、大学の部署全体の連携、協働、ネットワークから始められるということが示されている。彼らの職務全体として、FDの職業的役割は、学科レベル、大学レベルの組織的な"変化の仲介者"としての機能がますます増大し、さらに大きな組織的議論において教員のニーズに関する専門的役割となっている。

5．本書の構成

　本書を書いている私たちの目的は、FDの分野に、その構成、優先事項、重要な変化の時点における実践と、高等教育における課題のスナップショットを撮ることである。前回の研究を基にして比較することによって、職業的準備や進路、プログラムによる優先順位、協働や評価に関する疑問についても探ってみたい。また、前書でも行ったように、FDの未来についても、この分野の知性を集めることによって、重要で新しい実践の方向を見定めていきたい。

　この序論では、2006年の研究での調査結果と勧告を総合し、FDに影響を与えている今日の高等教育の主要な圧力に注目する。第1章から第7章では、今回の調査結果を提示し、もし可能なら前書での調査結果と比較を行い、さらには2006年から2016年までのこの分野での変化についても視野に入れる。また、大学の類型がFDの実践を見て理解するために重要なレンズであり続けているので、大学の類型による違い——研究大学なのか、総合大学か、リベラルアーツ・カレッジか、またはコミュニティー・カレッジなのか——についても注目する。1章では、FDの分野の属人的なポートレートを紹介する。これには教育背景やFDの経験をも含んでいる。第2章では、FDの実践が

目指す目標を見ていく。第3章では、構成、財政、スタッフをみることによって、大学類型によるFD組織のプロフィールを提供する。第4章では、提供するプログラムについて議論する。これには、ファカルティー・ディベロッパーが自分の提供するプログラムの中で「意義がある」と考えるものや、機会があれば拡げていきたいと考えているものも含んでいる。第5章では、使われているプログラムのアプローチを紹介する。これには第4章で取り上げたような並列構造も含む。第6章では、FDの未来——近い未来と遠い未来の両方——について、ファカルティー・ディベロッパーが5年後に重視されているべきだと考えていることは何か、この分野が次の10年間にどう動くのか、どう動くべきだと考えているのかの質問への回答を紹介する。第7章では評価とアカウンタビリティーについて議論する。このテーマはこの研究から明らかになったものであり、私たちが区分した新しい時代に大幅に貢献するものである。第8章では、この分野にとってこれらの調査結果が何を意味するのかを考え、さらなる反応や、議論、研究を導くことのできる質問を提起する。

6. 結　論

　教育・学習におけるアカウンタビリティーや、学生の学習成果、研究ベースの教育・学習実践に焦点を当てることが急がれるようになるにつれ、FDの実践研究の必要性が高まっている。さらに、教員の役割が拡がり続け、幅広いキャリア経験のある教員たち、就業形態の違う教員たち全員をサポートする最良のFD実践が緊急に必要になってきている。本書には、大学が経営戦略を改善したり計画を変更したりする際に、大学指導部の中でFDが、より中心的な役割を果たすよう求められているという新しい証拠について書かれている。私たちはここで示した調査結果によって、FDに対するネットワークやエビデンス・ベースのアプローチが大学やこの分野にどのような利益をもたらすのかを、さらに考えていくよう促すものとなることを望んでいる。

本章のハイライト

- 本書は、FD の進化とファカルティー・ディベロッパーの性質のポートレート、FD サービスの分析、ファカルティー・ディベロッパーによるこの分野の優先順位と未来の方向性の概要を探った前回の大規模調査の、10 年後の FD 分野を検証するものである。

- 50 年以上の FD の歴史を記述するにあたって、前書では 4 つの時代——学者の時代、教師の時代、ファカルティー・ディベロッパーの時代、学習者の時代——を記した。世界中の国々で FD に関する関心が高まっており、本書では、21 世紀に新時代——ネットワークの時代——を迎えたと主張する。

- 高等教育機関への外部圧力と、高等教育機関内部の急速な変化が、これまでの 10 年以上の間に FD 分野に衝撃を与えてきた。その中でも特に、教員の役割、学生集団、教育・学習・研究の性質の変化が強く影響を与え続けた。ファカルティー・ディベロッパーは現在、教員の就業形態の変化や、アクセスの増加に対する強い期待、学生の学習成果を明示することの要請、卒業率の増加、エビデンス・ベースの教育実践や教育テクノロジーの活用促進、継続的な高等教育支出への関心を含む、ダイナミックな状況の中で仕事をしている。

- ファカルティー・ディベロッパーの職務に関する文脈の変化を知ることによって、本書では FD 専門職のポートレートを提示し、この分野の新たな方向性や実践、優先事項を分析する。

- 私たちが“エビデンスの時代”と呼ぶ、ファカルティー・ディベロッパーにとっての新時代は、ファカルティー・ディベロッパーが大学内部を変革する機会を拡げ、大学の有効性に対する教員の関心やニーズ、貢献を引き出すものである。

第1章　私たちは誰なのか？

　この章では、最初に研究のデザインを描くことにする。その後で現在のファ
カルティー・ディベロッパーの、集団として、また具体的には FD 指導者と
してのファカルティー・ディベロッパーがどのような層の人々なのかを含む
人物像を提示する。ファカルティー・ディベロッパーの職位に至るまでの道
筋に対する、より深い視座を獲得するために、私たちはファカルティー・ディ
ベロッパーの教育背景や直前の職位についても調べることにする。

1. 研究の設計と方法

　この分野への私たちの理解を最新のものにするために、私たちが 2006 年に
出版した際の研究対象と同じメンバー、高等教育における FD の研究者、実
践者の最大の職業団体となっている POD (The Professional and Organizational Devel-
opment Network in Higher Education) の、アメリカとカナダの会員であるファカル
ティー・ディベロッパーに戻ることにした。前回の調査は、999 名の POD 会
員に、6 週間おきに 3 回に分けて郵送し、切手付きの返信封筒で回答を得るよ
うにした。回答者数は 494 名で、回収率は 50％であった。その調査は 7 分野
18 問であり、プログラムの情報と参加者数、FD プログラムの目的と目標、プ
ログラムや実践の影響、現在の実践と、将来の方向性で構成されていた。調
査結果の分析と議論の中では、FD の歴史の評価や、現在提供されているサー
ビスの例として、FD 計画に与えられる Hesburgh 賞の分析にまで話が及んだ。
　私たちがここで報告する今回のデータは、2 つの段階から集められたも

のである。最初の段階は、"Creating the Future of Faculty Development: Charting Changes in the Field."による web 調査によって収集されたものであり、10 分野 48 問で構成されている。4 分野は 1 大学で 1 名だけが回答するもので、大学のプログラムの情報を確かめるためにディレクターやコーディネーターと位置付けられる人が回答した。この 4 分野は、大学の分類、大学の情報、プログラムの構成と財政、プログラムの目的と目標、連携協力の努力が含まれている。6 分野は、調査参加者全員が回答するもので、FD の経験と属性、参加者、プログラムの焦点、プログラムのアプローチ、プログラムの評価と、FD の将来、によって構成されていた。調査の最後に、自由記述質問を 2 つ、ファカルティー・ディベロッパーたちにこの分野での新たな潜在的方向性に関する見方を尋ねた（付録 A）。

調査は POD の 2012 年のメーリングリストにある全員に e メールで送った。さらに歴史的黒人大学協会（HBCU：Historical Black Colleges & Universities）の Faculty Development Network の会員と、カナダのファカルティー・ディベロッパーの組織である STLHE（The Society for Teaching and Learning in Higher Education）の会員にも送った。調査依頼状は、3 回に分けて 1,382 名に送られた。385 名から回答を受け取り、それは全体の 28％であった。この回収率は、最近の POD 会員調査（Winkelmes, 2011）の 24％を上回ったが、私たちの前回調査（Sorcinelli, et al, 2006）の回答率 50％には全く及ばなかった。

研究の第 2 段階では、電話インタビューによって、回答者の「特徴的な」プログラムについて、それらのプログラムが本当に優れたものであり、学内での認知度が極めて高いものであるのかといった詳細に関する追跡調査を行った。この調査の一部として、もし回答者が彼らの「特徴的な」プログラムについて話をしたいと望むなら、別紙の私たちへの連絡先で連絡するように依頼した。385 通の回答のうち、連絡のあったのは 120 件（31％）であった。私たちはそれぞれ最大で 30 分をかけ、プログラム参加者、トピック、使ったアプローチ、プログラムの完成度、成功例と課題、効果測定について、構造化した要領によって電話インタビューをした。私たちは、プログラム参加者、用いたトピックやアプローチ、プログラムの成熟度、優れた点と課

題、効果測定を主たる対象として、構造化したインタビュー実施要項を用い
た。また、録音や複写よりもノートを取ることにより、それらのプログラム
の細部に至るまでに焦点を当てることができている。これらにより、インタ
ビュー対象者たちから物語的なプロファイルを作成し、プログラムの本質を
明示できるように、それらの体験談のレビューをするよう回答者に依頼した。

　私たちは、回答者集団の代表性を確認するために、回答から補充調査を行っ
た。その結果、今回の調査回答者の統計的な属性は前回調査のものとほとん
ど同じであり、最近の POD 会員調査 (Winkelmes, 2011) とも、とても比較しや
すいものである。回答者の所属大学の属性は、大部分が公立非営利 (65%) で
あったが、リベラルアーツ・カレッジは 74% が私立非営利であった。また
回答大学のうち 13% は、少数民族の大学 (Minority Serving Institutions) か歴史的
黒人大学 (HBCU) に分類される。

2. ファカルティー・ディベロッパーの人的属性

　北アメリカの大学における学生の人的属性の変化は、その大学の教職員を
学生集団に合わせる必要性を話し合う際に注視されている。私たちはファカ
ルティー・ディベロッパーがどれほど多様であるかだけでなく、ファカル
ティー・ディベロッパーの学問的・職業的背景や、その分野での活動期間が
どれだけ長いかにも興味がある。これらを基にして、こうした特徴が会員た
ちを全体的に理解し、彼らが継続的に成長し将来的に繁栄することを支援す
るために必要とされる領域を見定めるために役立つのである。

(1) 性　別

　高等教育機関における学生集団の多様化を進める努力により、女性の学
部学生は劇的に増加し、女性の大学教員の比率も同様に増えてきた。1997
年の専任教員と非常勤教員のうち、女性比率は 41% であった。2013 年には
49% に増えている (米国教育省, 2014 年)。2006 年の調査では、回答者の 61%
が女性であり、男性は 39% であった。今回の調査 (**表1.1** 参照) では、73% が

24

表1.1　大学類型別回答者の性別

性別	全体	研究／博士大学	総合大学	リベラルアーツ・カレッジ	コミュニティー・カレッジ	カナダの大学	ディレクター
女性	73%	73%	75%	74%	66%	66%	68%
男性	26%	26%	24%	26%	34%	34%	32%

回答数＝329; 無回答＝6。四捨五入のため合計100％にはならないこともある。

女性、男性は26％であり、この比率は最新のPOD会員調査（Winkelmes, 2011）と同じである。この結果は、大学類型の全てで同様であった。2006年のデータと比較すると、この10年間で女性は男性よりも高い比率でこの分野に参入していることが分かる。女性の回答者のうち65％がこの分野での経験が10年以内であるのに対し、男性の回答者では55％しかない。この分野での経験が10年以上なのは、男性が44％であるのに対し、女性は34％である。この構成は、10年から20年前には女性がこの分野に参入する機会が現在のようには無く、また男性のようにFDに長く残ることも無かったことを示している。女性教員が単に少なかったという現実もまた、FDの変化に影響している。

　今回の調査によって、誰がこの分野における指導的地位にあるかを明確にすることができ、ジェンダーの問題を詳しく見ることも可能になった。教育学習（FD）センターの管理職は、68％が女性であり、32％が男性であることが分かった。興味深いことに、管理職の地位を持つ男性の比率はファカルティー・ディベロッパー全体の構成から予想されるよりも少し高いだけである。

(2) 人種・民族

　PODでは、FD分野の会員がより多様性を持つことができるよう、積極的な施策について協議してきた。こうした努力には、多様性委員会の設置、多様性補助金や、2011年に開催されたPODとHBCU FDネットワークとの合同会議などが含まれる。これらの努力の成果がやっと現れてきた。データで

は、アメリカ原住民／インディアンと、アジア／太平洋の島嶼民、黒人／ア
フリカ系アメリカ人が取り残されていることが分かるが、それはPODのファ
カルティー・ディベロッパーのうちごく少数である。

　全回答者のうち約90％が白人／コーカサス系であり、これは2010年の
POD会員調査（Winkelmes, 2011）と同様である。自らを黒人／アフリカ系アメ
リカ人と回答した回答者は、HBCUの会員であった（16名中12名）。すべての
役職と職位を通して、自らを教授職であるとみなしているファカルティー・
ディベロッパーは、他の役職よりも白人の比率が少ないことが分かった（**表
1.2**）。とはいえ、ファカルティー・ディベロッパーの人種や民族を年齢やこ
の分野での年数によって分析すると、新人や若手の仲間には多様性が増えて
いるようには見えない。マイノリティーは今でも非常に過小評価されており、
将来的には潜在性があるとしても、ファカルティー・ディベロッパーは圧倒
的に白人の専門職業である。

表1.2　回答者の人種と役職

役職名	インディアン／アラスカ原住民	アジア／太平洋の島嶼民	黒人／アフリカ系アメリカ人	白人／コーカサス系	無回答
全体	0%	4%	5%	89%	2%
ディレクター	1%	3%	3%	93%	1%
プログラム・コーディネーター	0%	0%	0%	100%	0%
上級職員／管理職	0%	2%	5%	88%	5%
教授職	0%	4%	18%	76%	2%
副ディレクター	0%	8%	2%	88%	2%
技術職員	0%	0%	0%	100%	0%
授業補助職員	0%	7%	0.0%	90%	3%
委員長	0%	0%	25%	75%	0%
教育開発者	0%	33%	0%	67%	0%

回答数 = 365; 無回答 = 20。四捨五入のため合計100％にはならないこともある。

26

(3) 年　齢

　今回の調査と前回の調査を比べると、回答者の年齢がより詳細に分析でき
るようになり、また回答者の現在の地位にいる期間と年齢との関係も分析で
きるようになった。**表1.3** を見る通り、この調査に回答したファカルティー・
ディベロッパーを大きく分けると、25-44 歳が 28％であり、45-54 歳は 31％、
55 歳以上が 41％である。この年齢層の拡がりは、多くのファカルティー・ディ
ベロッパーが今後も長年にわたって仕事をする必要があることを示し、その
他のかなり多くの人々に、この仕事の"コツを覚える"ために指導する必要
があるだろう。特に、ディレクターの 48％は 55 歳以上であり、全学レベルの、
そしてこの分野での十分なリーダーシップを身に付けるには 10 年から 15 年
もかかるだろう。副ディレクターの 72％は 35-54 歳であり、かなり十分な人
数がディレクターの役割を担うための準備段階として、リーダーシップに不
可欠な知識や経験を得られるよう訓練を受けている。今後 10 年間に、ファ
カルティー・ディベロッパーの中でかなりの多くの退職者が出ることから、
FD の中でのキャリアパスと昇進に至る経路は、10 年後に上級の指導的役職
に就くためには多様性を意識的に拡げようとすることが必要だと考えられて
いる。

表1.3　回答者の年齢と役職

役職名	25-34 歳	35-44 歳	45-54 歳	55-64 歳	65 歳以上	無回答
全体	7%	21%	31%	35%	6%	1%
ディレクター	4%	17%	31%	41%	7%	0%
プログラム・コーディネーター	15%	20%	25%	30%	10%	0%
上級職員／管理職	0%	15%	39%	37%	5%	5%
教授職	6%	17%	31%	41%	6%	0%
副ディレクター	8%	39%	33%	16%	4%	0%
授業補助職員	15%	33%	21%	27%	3%	0%
その他	18%	18%	35%	24%	0%	0%

回答数 = 365; 無回答 = 20。四捨五入のため合計 100％にはならないこともある。

(4) 大学の類型

　私たちは全員に勤めている大学の類型を尋ねた。それは多くの質問が回答者の大学類型により回答にはっきりとした違いが出ることが、前回までの調査で分かっていたからである。回答者のうち最も多かったのが、研究／博士大学 (47%) であり、前回の調査 (44%、2006年) よりも、ほんの少し多くなっている。とはいえ、このグループの回答者の構成は、POD ネットワーク会員の研究／博士大学からの会員の割合を正確に反映しており、それらの大学は長年にわたって FD プログラムを整備してきたのである。他の大学類型の回答パターンは、前回の調査結果データ（総合大学は今回が 19% で前回が 23%、リベラルアーツ・カレッジは今回が 10% で前回が 11%、コミュニティー・カレッジは今回が 10% で前回が 9%、カナダの大学は今回が 9% で前回が 8%）とも比較が可能である。**表1.4** は、今回の調査参加者の大学分類を表したものである。

表1.4　回答者の大学分類

大学分類	全体の人数	全体の割合	ディレクターの人数	ディレクターの割合
研究／博士大学	174	47%	85	44%
総合大学	69	19%	43	22%
リベラルアーツ・カレッジ	38	10%	18	9%
コミュニティー・カレッジ	35	10%	17	9%
その他	15	4%	8	4%
カナダの大学	32	9%	16	8%

回答数 = 367; ディレクターの人数 = 193; 無回答 = 18。

(5) 役　職

　私たちは調査参加者に、ファカルティー・ディベロッパーが担っている職務の範囲をよく理解するために、彼らのもっとも重要な役職の職名と、その大学で彼らが持っているすべての職名を尋ねた（**表1.5** 参照）。ディレクターの地位は回答者の中で最も多く、全体の 42% である。回答者の役職を大学類型別にみると違ったパターンが見えてくる。研究／博士大学では、回答者

表1.5　大学分類と役職

職名	全体	研究／博士大学	総合大学	リベラルアーツ・カレッジ	コミュニティー・カレッジ	その他	カナダの大学
ディレクター	42%	40%	51%	35%	37%	57%	48%
プログラム・コーディネーター	6%	3%	4%	5%	17%	29%	3%
上級職員／管理職	11%	10%	16%	14%	14%	14%	3%
教授職	15%	11%	17%	38%	14%	0%	7%
副ディレクター	13%	22%	3%	8%	6%	0%	3%
授業補助職員／その他	14%	15%	9%	0%	12%	14%	36%

回答数 = 367; 無回答 = 18。四捨五入のため合計100％にはならないこともある。

　のファカルティー・ディベロッパーの中で副ディレクターの割合が他の大学よりも多く（22％）、おそらく大きな大学に期待される幅広い責任分野を受け持つ実務リーダーが必要とされるのであろう。リベラルアーツ・カレッジでは、他の大学よりも回答者の多くが教授職と回答しているが、ここでは彼らの職務役割として教授職が多くの異なった役割を担うことから驚くには当たらない。カナダの大学では、回答者の36％が授業補助者／その他と回答しており、アメリカの大学よりも高い割合を示している。大学類型による違いは、次章以降でもまた取り上げる。

　調査結果から、ファカルティー・ディベロッパーは彼らの大学で1つ以上の役職を持っており、それは10年前の調査と同様であった。全回答者のうち25％が2つ以上の職名を持っていると報告している。ディレクターの2／3（63％）が2つ以上の職名を持ち、45％はその職名の1つが教授の地位である。

(6) 直前の役職

　私たちは、ファカルティー・ディベロッパーに至るキャリアパスの考察は極めて少ない(McDonald, 2010)ため、これらの人々のキャリアの進捗状況に興味がある。今回の調査ではそのために、参加者に現在の役職と直前の職務について尋ねた。**表1.6**に示す通り、ディレクターの1／3以上(35％)は教授職からそのまま現職になっている。さらに25％は副ディレクターから直接ディレクターになっている。プログラム・コーディネーターと上級職員／管理職のうち、33％は教授職から直接現在の役職に就いており、授業補助者／デザイナー／コーディネーターの30％も教授職からである。上級管理職の28％はディレクターから現在の上級管理職の役職に就いている。多少の例外はあるが、FDの最も共通した経路は教授職であることが明らかになった。このキャリアパスのパターンは、ファカルティー・ディベロッパーの多数が教授職の地位も持っていることと一致している。

表1.6　回答者の直前の役職と、現在の最上級の役職

現在の役職	直前の役職					
	DIR	PC	SLA	FAC	AD	ICD
ディレクター	20％	9％	4％	35％	25％	6％
プログラム・コーディネーター	11％	17％	6％	33％	6％	11％
上級職員／管理職	28％	5％	28％	33％	5％	0％
教授職	9％	6％	6％	64％	2％	4％
副ディレクター	9％	15％	0％	23％	17％	21％
授業補助職員／デザイナー／コーディネーター	9％	9％	9％	30％	6％	21％

＊この表ではいくつかの分類は削除されているので、合計は100％を下回る。
DIR：ディレクター、PC：プログラム・コーディネーター、SLA：上級職員／管理職、FAC：教授職、AD：副ディレクター、ICD：授業補助者／デザイナー／コーディネーター

(7) FD経験年数

　この分野における移動や定着を測る指標として、私たちはファカルティー・ディベロッパーのその地位にいる年数に関心を持っている(**表1.7**)。2006年のデータは、今回の調査よりも全国的に経験が浅いことがわかる。例えば、

表1.7　役職とFD経験年数

役職	5年以下	6-10年	11-14年	15年以上
全体	39%	31%	12%	19%
ディレクター	33%	31%	14%	23%
プログラム・コーディネーター	50%	25%	15%	10%
上級職員／管理職	20%	43%	15%	23%
教授職	59%	24%	2%	15%
副ディレクター	31%	46%	13%	10%
その他	53%	20%	10%	16%

回答数＝371; 無回答＝14。四捨五入のため合計100％にはならないこともある。

ディレクターの43％はその役職の経験年数が5年以下であったので、われわれはそのグループを"新しい"ファカルティー・ディベロッパーと名付けたが、今ではその比率は33％に下がっている。私たちが"中間層"と見ていた6-10年の経験のディレクターは、喜ばしいことに24％から31％に、11-14年経験者は9％から14％に増えていた。そして、15年以上のディレクター経験があるとの回答は、ほぼ同じ割合（24％から23％に）であった。この数値は、その地位を持続しているディレクターがかなりいて、ある種の成熟した集団になっていることを示している。さらに、両方の調査ともディレクターの23％が15年以上の経験者であり、回答者の年齢データから明らかになってくることを結びつけると、この分野では次の10年間でかなりの退職者が出ることが示されている。同時に注視すべきことは、ディレクターの中の33％は5年未満の経験しかないことである。まとめると、この分野では違ったキャリアステージを持ったファカルティー・ディベロッパーに対して、特有の職業的関心やニーズに関して支援する方法を考えなければならない。彼らの中には、FDを経験する機会や、初めてFDを経験する際の支援を必要としている者もいる。また"中間層"のうちに、上級リーダーシップの役割を準備するステップとして経験を積むことも必要である。

(8) 最終学歴

ファカルティー・ディベロッパーのキャリアパスとバックグラウンドをよ

表1.8　最終学歴と取得大学の類型

最終学歴	全体	研究／博士大学	総合大学	リベラルアーツ・カレッジ	コミュニティー・カレッジ	その他	カナダの大学
学士／学部生	1%	0.6%	0%	0%	3%	0%	3%
修士	23%	13%	10%	29%	51%	63%	64%
博士／最終学位	76%	86%	90%	71%	46%	37%	30%
その他	1%	0.6%	0%	0%	0%	0%	3%

回答数 = 372; 無回答 = 13。四捨五入のため合計 100%にはならないこともある。

り深く理解するために、私たちは回答者に最終学歴とその専門分野を尋ねた。どの大学類型でも、**表1.8** のように、ファカルティー・ディベロッパーの仕事が十分な教育を受けた人々により進められていることが分かった。回答者の約 3/4 が博士またはその他の最終学歴を持っている。研究大学と総合大学では、ほぼ 90%である。コミュニティー・カレッジとカナダの大学だけが、博士学位を持っているという回答よりも、修士の割合が多い。博士またはその他の最終学位を持っているファカルティー・ディベロッパーの多くは、Ph.D やそれに匹敵する職業学位が期待される教授職の地位を持っているか、教授職相当の非常に高い地位にある。

(9) 専門分野

　ファカルティー・ディベロッパーの取得学位分野の割合では、特に興味深い結果が**表1.9** に現れている。2006 年の調査では専門分野について質問していなかったが、今回の調査で個人を見ると、FD という職業は幅広い様々な専門分野から来ていることが分かった。

　ファカルティー・ディベロッパーのかなりの割合(42%)が教育学の分野(これも多様で複合的な分野である)で取得しているが、社会科学(27%)や人文・芸術学(17%)、理工系(13%)のファカルティー・ディベロッパーも少なくない。それはつまり、ファカルティー・ディベロッパーはとても多様な専門分野をもつ教授達であり、上記の研究分野の拡がりも同様である。集団

表1.9　学位を取得した分野

分野	全回答者		教授職		ディレクター	
	人数	割合	人数	割合	人数	割合
教育学	148	42%	88	28%	66	36%
理数系／工学	44	13%	62	20%	23	12%
人文系	61	17%	58	18%	41	22%
経済／行動／社会科学	93	27%	86	27%	52	28%
職業系	13	4%	22	7%	2	1%

＊複数の分野を回答した者もいる。　職業系：医学、医療職、経営学

として、ディレクターたちは全ての専門分野から輩出されているが、理工系 (STEM) 出身者は12%で最も少ない。教授の地位を持たない回答者は、教育学での割合が多い。

3．結　論

　今回の研究をどのように進めたかを書くことによって、前回の研究で尋ねた主要な質問に関することと、高等教育とFDの分野の、特にこの10年間の重要なできごとと変化に関連した質問を追加することの両方に関する私たちの努力を、できるだけ見てもらえるようにした。人的属性、教育、職業のデータは、FD分野のポートレートをつくり、今後の専門職化のための道筋やニーズを考える上での課題を示した。いくつかの難しい、相互に関連した疑問が、特にデータ全体を評価する際に浮かび上がってきた。なぜこの分野はもっと多様にならないのか。どのような戦略や計画が、教員や学生たちの構成の変化を反映した多様性にまで拡げるのに役立つのだろうか。この分野やそのリーダーシップに楽観的な前途はあるのだろうか。どのような要因が、そのような道をつくったり、行く手を助けたりすることができるのだろうか。誰にFDの専門職化やこの分野のリーダーシップへの道をつくる責任があるのだろうか。

本章のハイライト

- この分野では女性の割合が増えている。2006年調査では回答者の61％であったのと比較して、2012年調査の回答者のうち73％のファカルティー・ディベロッパーが女性であった。女性が圧倒的であるのは、すべての大学類型を通して同じであり、最近のPOD会員調査 (Winkelmes, 2010) とも同様である。

- この職業の構成員に、人種／民族の多様性はない。回答者のほぼ90％が白人／コーカサス系であり、2010年のPOD会員調査で報告されたものと同じである。

- 回答者の年齢層は、55歳以上が42％、25-44歳が28％であった。ディレクターの約半数が55歳以上であり、これから10年で相当の数の退職者が出ることが示され、この分野に参入してリーダーシップの役割を担う人を探す必要がある。

- ファカルティー・ディベロッパーが教員の中でリーダーシップを持つのに、最も共通した経路は教授職の地位である。回答者の半数以上が大学で1つ以上の職位を持っており、教授の職位は他の職位よりも多い。

- 集団として、2012年に回答したFDディレクターは、2006年調査の回答者よりも経験年数が長い。2006年にはディレクターの43％が5年未満の経験であったのに対し、今回の調査では33％である。

- 回答者の約3/4が博士学位またはその他の最終学位を持っている。回答者の学位取得分野は幅広く、教育学が42％、社会科学が27％、人文・芸術学が17％、理工系が13％である。

第2章　私たちの職務は何を目指しているのか？

　この章では、ディレクターが彼らのプログラムによって目指している目的と目標を提示する。2006年の調査 (Sorcinelli, Austin, Eddy, & Beach, 2006) では、最初にファカルティー・ディベロッパーに対し彼らのプログラムが目指している目的または目標を特別に尋ねた。そのときには、FD の最大の目標は、教員個人と大学執行部による積極的な行動や FD プログラムの総合的な影響によって、学生の学習を改善することであると仮説を立てた。そのために、前回の調査では回答者に対して、FD について書かれた文書を基にして列挙した10個の目標について、センターまたはプログラムにおける重要度を尋ね、さらにリストに無いプログラムの目的と目標を付け加えるよう頼み、それらの影響度についても質問した。2006年の調査結果から明らかになった点を踏まえ、今回の調査には以下の目標を新たに追加した：(a) アクレディテーションや質の向上への大学の対応を支援すること、(b) 図書館、テクノロジー・センター、研究所などの学習関連組織との連携を構築すること。10年前に私たちは、FD が他の関連組織と戦略的に密接につながって協働する大学の組織になるべきであると推奨した。そしてこの章の最後に、他の大学内組織で提供されている様々な FD について取り上げ、FD プログラムと他の大学内組織との協働の性質についても取り上げる。

1．FD プログラムが目指す目標

　2006年に教育センターの目指す目的と目標を分析した際には、まずディ

レクターからの回答を見た。それはディレクターが彼らのプログラムが目指す FD の目的と目標に関する知識を最も直接的に持っていると認識していたからである。その際、他のファカルティー・ディベロッパーである回答者からの回答と比較して、私たちは同じ大学のファカルティー・ディベロッパーには——若手から上級者まで——重要な目標の選択に大きな違いが無いことに気が付いた。この調査結果をもとに、2006 年の調査と今回の再調査の両方で、それぞれの大学の上級の回答者からの回答に注目することにした。この結果を**表2.1** に示した。

表2.1　FD プログラムが目指す目標の比較

プログラムの目的または目標	2006 年調査 (標準偏差)	2016 年調査 (標準偏差)
卓越した教育文化をつくり、維持すること	3.7 (.6)	3.8 (.5)
教育・学習に関する新たな取り組みを進めること	3.6 (.7)	3.7 (.5)
教員個人の職業能力開発の目標に対応し支援すること	3.5 (.8)	3.3 (.9)
大学内での変革の仲介者として行動すること	3.2 (.9)	3.3 (.8)
教育に関して困難を抱えている教員を支援すること	3.0 (1.0)	3.1 (1.0)
教員相互や学科内での同僚性を促進すること	3.1 (.9)	3.1 (.9)
大学から求められた重大なニーズに対応すること	2.9 (.9)	3.1 (.9)
図書館やテクノロジー・センター、研究室等の学習支援組織と協働すること	－	2.9 (.9)
大学における教育刷新の最前線であること	2.6 (1.0)	2.8 (1.0)
アクレディテーションや質向上計画への大学の対応を支援すること	－	2.6 (1.0)
学科の目標、取り組み、能力開発を支援すること	2.5 (1.0)	2.6 (.9)
教育に関する優秀性を評価し、報奨すること	2.5 (1.1)	2.6 (.9)
その他	－	3.6 (.8)

回答数 = 164; 無回答 = 29。1 = とても少ない，2 = 少ない，3 = 中程度，4 = とても多い。
－は無回答。

2．重要な目標

ディレクターたちに、彼らの組織やプログラムが目指す目標について、12

項目全ての重要度を記入してもらった後、彼らのプログラムに最も影響を与えている最も重要な目標を3つ挙げてもらった。アメリカの大学類型全てにおいて、ディレクターたちは彼らのプログラムの目標トップ3を以下の通りだと理解していた（パーセンテージはプログラムの3つの主要目標のうちの1つを選択した回答者の割合を示している。**表2.2**）。

1. 卓越した教育文化をつくり、維持すること：75%（2006年72%から増加）
2. 教育・学習に関する新たな取り組みを進めること：57%（2006年49%から増加）
3. 教員個人の職業能力開発の目標に対応し支援すること：29%（2006年56%から減少）

表2.2　大学分類別、プログラムの目標と目的

目標・目的	全体	研究／博士大学	総合大学	リベラルアーツ	コミュニティー	カナダの大学
卓越した教育文化をつくり、維持すること	75%	75%	76%	77%	71%	64%
教育・学習に関する新たな取り組みを進めること	57%	60%	58%	31%	53%	79%
教員個人の職業能力開発の目標に対応し支援すること	29%	28%	24%	46%	41%	21%
大学内での変革の仲介者として行動すること	29%	28%	29%	23%	24%	57%
教員相互や学科内での同僚性を促進すること	19%	15%	16%	31%	35%	14%
教育に関して困難を抱えている教員を支援すること	19%	24%	21%	15%	12%	7%
大学から求められた重大なニーズに対応すること	15%	18%	18%	8%	12%	7%
その他の目的または目標	13%	9%	13%	23%	12%	14%
大学における教育刷新の最前線であること	12%	9%	13%	23%	0%	14%
アクレディテーションや質向上計画への大学の対応を支援すること	12%	12%	11%	8%	18%	7%
教育に関する優秀性を評価し、報奨すること	8%	12%	5%	0%	12%	0%
図書館やテクノロジー・センター、研究室等の学習支援組織と協働すること	7%	7%	8%	8%	12%	0%
学科の目標、取り組み、能力開発を支援すること	5%	4%	3%	8%	0%	14%

回答数 = 157; 無回答 = 36。

ディレクターたちが目標の影響度を示した結果は、FDプログラムの目指す目標と同じく、過去10年で変わっていないが、3つの目標のうち2つの順位と重要度が変わっている。簡単に言えば、教育の文化をつくるような組織的変化に関するものと、教育・学習に関する新しい取り組みを推進するものが増加しているが、教員個人の能力開発に対応し支援することの重要性は劇的に減少している。上位2つの目標への関心もまた、ディレクターは変化の「運転手」であり、そのプロセスは積極的であり、求められる成果は完全に教育志向である。2番目の目標であるファカルティー・ディベロッパーの支援や施設、協働では、プロセスは即応であり、求められる成果は教員たちの幅広い職業的目標に向けられている。

3．大学類型による差異

ディレクターたちは、彼らのセンターが目指している目標について、多くの同じ目標を回答したが、いくつかの目標の優先度については、大学類型によって違いがあった。10年以上にわたって、研究／博士大学のディレクターの職務は、2つの主要な目標を合わせたものである；「卓越した教育文化をつくり、維持すること」(75%)と、「教育・学習に関する新たな取り組みを進めること」(57%)。研究／博士大学において、他の目標はすべて28%以下である。

総合大学のディレクターの回答は明らかに研究／博士大学の回答と似ていて、「卓越した教育文化をつくり、維持すること」(76%)と、「教育・学習に関する新たな取り組みを進めること」(58%)であり、総合大学のディレクターの回答では他の目標はすべて24%以下である。研究／博士大学と総合大学のディレクターが目指す目標は、大学の環境によるものである。研究は広く浸透しており、教員が教育の有効性よりも、研究の生産性からより高い評価を得られる文化の中で、教育センターのディレクターは優れた教育に資する方法を明らかにしなければならない。

他の大学類型の同僚たちと比較したとき、リベラルアーツ・カレッジのディ

レクターは幅広い優先項目を回答した。「卓越した教育文化をつくり、維持すること」(77%)の次に、「教員個人の職業能力開発の目標に対応し支援すること」(46%)、「教員相互や学科内での同僚性を促進すること」(31%)が高く、他の大学類型よりも「教育・学習に関する新たな取り組みを進めること」(31%)が低い。この結果は、小規模大学における伝統的な教育重視、教育に献身する教員の必要性の認識、リベラルアーツ・カレッジの中心的文化価値としての学術コミュニティーの重視を反映している。教員個人へのサポートと、同僚性の開発と学際的相互作用の重視についても特記する必要がある。

　興味深いことに、コミュニティー・カレッジのディレクターたちは、彼らのセンターの目標が、研究／博士大学や総合大学の目指す目標や、小さなリベラルアーツ・カレッジの目標と、部分的に同じであると回答している。コミュニティー・カレッジのFDはますます外部の圧力に対応するものになっていて、大学全体の取り組みに対応したものになってきている。この点において、彼らの目指す上位4つの目標は、「卓越した教育文化をつくり、維持すること」(71%)、「教育・学習に関する新たな取り組みを進めること」(53%)、「教員個人の職業能力開発の目標に対応し支援すること」(46%)、「教員相互や学科内での同僚性を促進すること」(35%)であった。これらの調査結果は、コミュニティー・カレッジのFDの目標が、教員と大学の優先事項や取り組みをサポートすることであるのとともに、大学の使命と外部のニーズをバランスよく結びつけたものであることを示している。

　カナダの大学のディレクターによるFDプログラムが目指す目的の上位3つは、10年前と強調度が大きく変わっている。上位3つの目標すべてが、明らかに組織変化志向であるか教育志向となっている。「教育・学習に関する新たな取り組みを進めること」が、2006年の40%から2012年の79%で、第1の目的になってきた。「大学内での変革の仲介者として行動すること」も2006年の20%から2012年の57%となり、「卓越した教育文化をつくり、維持すること」は2006年の74%から2012年の64%と微減した。アメリカのファカルティー・ディベロッパーと同じように、「教員個人の職業能力開発の目標に対応し支援すること」は2006年の56%から2012年の21%と激減した。

　これらの調査結果は、カナダにおける研究／博士大学モデルが広まっていることの反映であり、特にこの 10 年間に増加してきている。この変化は、大学の威信が高まり、財政的な余裕ができたことによるものである。とはいえ、研究重視が高まる中で、学士課程教育は難しい課題であり、（おそらく有害であって）教員にストレスを与えるものだという意識がある。回答の中では、特に研究重視大学において、教育と研究のバランスがますます強調されるようになってきた(Bradshaw, 2013)。この結果では、カナダのファカルティー・ディベロッパーたちが、教育品質改善への増え続ける圧力に積極的に対応していることが示されている。

4．影響を与えていない目標

　最も影響を与えている目標と同じように、最も影響を与えていない「下位 3 つ」の目標についても関心がある。回答者が選択した主要な目標のうち、少数の回答であった目標は以下のとおりである（先と同様に、パーセンテージはプログラムの 3 つの主要目標のうちの 1 つを選択した回答者の割合を示している）。

1. アクレディテーションや質向上計画への大学の対応を支援すること（11％、新設問）
2. 教育に関する優秀性を評価し、報奨すること（8％、2006 年 13％から減少）
3. 図書館やテクノロジー・センター、研究室等の学習支援組織と協働すること（7％、新設問）
4. 学科の目標、取り組み、能力開発を支援すること（5％、2006 年 7％とほぼ同じ）

　回答によると、センターの目標に対して最も影響の少ないのが「部局の目標、取り組み、能力開発を支援すること」であり、これは 2006 年にディレクターたちが付けた順位とほぼ同じである。同時にこの調査結果から、部局へのサポートをターゲットにしたりカスタマイズしたりするよりも、教員個人

とキャンパス全体のプログラムの両方に焦点を当てるという、この分野の伝統的なやり方が反映しているという仮説を立てた。私たちはまたファカルティー・ディベロッパーたちが、幅広いサポートのニーズや全ての部局の目標に対して資源が限られているという認識を持っているだろうと予測した (Sorcinelli et. al., 2006)。しかし現在では、FD や授業・カリキュラム開発、学生の学習評価、人事考課における教育評価のような領域において幅広く部局全体を支援することが、教員の教育実践を広範囲で持続的に変化させるために不可欠となっており、そのような取り組みが認められるようになっている。教員、授業および部局を変化させる努力を、センターが部局に直接働きかけるというモデルや実践を開発し共有するというこの目標は、次の 10 年間ではより影響力を持つようになるだろう。

　ディレクターたちは、「学内の学習関連組織や関連部署との提携」についてはセンターにとって重要な目標ではないと報告している。この 10 年以上にわたり、FD の分野は FD に関連した他の多数の部署とのかかわりが増えているように見える (たとえば大学内の個々の学部や評価室、コンピューターセンター、図書館、理数系教学センター)。同様に他部署とのネットワークをつくることは、FD の範囲を拡げるための重要な戦略である。このため私たちは、この目標に対する見方が弱いことに驚いた。現状の構成や違った文化、センターと他部署の限られたスタッフと資源といった制約の中では、教員をより全人的に支援しようとするような連携関係は簡単には許されないということなのかもしれない。たとえばファカルティー・ディベロッパーたちは、そのような連携関係をつくることに時間をかけることは、彼らの多くの職務を遂行する中では難しいと認識している。

　もう一つの重要視されていない目標は、「教育の優秀性を評価し、報奨すること」である。事実、この目標はセンターが扱う多くの教育表彰や助成金、奨学金といったもののうちの一つである。大学の多くの教育表彰や助成金を運営することはセンターの通常業務であり、多くの場合には優秀な教育に関与したり焦点を当てたりすることの方の関連性が強い (Cook & Kaplan, 2011)。同時に、これを重要でないと回答するのは、教育に報奨を与えることがテニュ

ア（終身在職権）だとか昇進だとかの人事判定の際に、教育効果の評価が関連するからであると見ることもできる。これらの報奨は第一に学部レベルに位置付けられ、さらに大学による教育評価につながる。もしそうした評価が大学の文化に埋め込まれていない（学部から教育担当副学長室に伝えられない）のならば、教育センターが教育表彰を有意義に活用するのは難しい。

　過去10年間、地域アクレディテーション団体は、評価基準の中に、学生の学習成果と、教育者としての教員の専門的能力開発のエビデンスを含むよう修正してきた。しかし私たちは、アクレディテーションや質の向上への大学の対応を支援することを第一目標とするセンターは数パーセントであることを示し、ほとんどのプログラムの課題を推進するものとなっていない。しかしながらファカルティー・ディベロッパーは、これが将来的な方向にあると考えている（詳細は第6及び7章）。後の章で示すように、この目標は次の10年に大きく影響を与えうるものである。すでにいくつかの地域アクレディテーション団体は、いくつかのFDプログラムが主導し、将来的に採用されうる、大学の質の向上に関する計画立案やプロジェクトを通じ、継続的な改善活動を支援する方向に関心を向け始めている（Sorcinelli & Garner, 2013）。

5．協　力

　ネットワーク化されたFD組織の特徴の一つは、幅広い聴衆に届くキャンパス横断の協力体制であり、FDの機会が明らかに増え、使える資源を最大化したことである。さらに最新の教育学習プロセスの改革のための学内プロジェクトに関する全米調査報告書には、ファカルティー・ディベロッパーが他の学術部署、支援部署と協力する範囲に関する設問があった。私たちはディレクターたちに対して、他の学内部署との協力と、他の学内部署へのサービスの範囲について尋ねた。**表2.3**は、他の学内部署との協力について「3.中程度に該当する」または「4.かなり該当する」に答えた回答者の割合、他部署のプログラムへの協力について「3.中程度に該当する」または「4.かなり該当する」に答えた回答者の割合を示したものである。

表2.3　他の学内部署との協力、他の学内部署へのサービス

学内部署	他の学内部署との協力の割合			他部署のプログラムへの協力		
	回答数	平均	3,4 の割合	回答数	平均	3,4 の割合
テクノロジー・センター	151	3.2	77%	147	3.0	67%
学部長／副学部長（学部の）	150	2.9	64%	144	2.3	41%
図書館	141	2.7	59%	152	2.3	36%
評価室	136	2.5	54%	133	1.8	17%
地域・サービス学習	132	2.4	49%	135	2.2	37%
ライティング・センター	139	2.3	42%	135	2.1	30%
多様性／包含センター	139	2.3	42%	132	1.9	18%
TA 支援／開発	119	2.2	40%	122	1.9	27%
大学院	121	2.1	37%	123	1.5	11%
研究部門	131	2.1	34%	137	2.0	28%
学生部門／寮生活	129	2.0	26%	120	1.6	9%
国際関係／留学	128	1.9	25%	122	1.6	11%
連邦／奨学金財団	119	1.8	23%	108	1.7	13%
キャンパス維持室	116	1.6	16%	103	1.4	5%
優等学生プログラム	120	1.5	13%	111	1.3	5%

1 ＝ 全く該当しない , 2 ＝ 少し該当する , 3 ＝ 中程度に該当する , 4 ＝ かなり該当する。パーセンテージは、それぞれの 3 と 4 の回答者数の割合。

　そのような他部署や個人との協力はあまり広範囲ではないが、ファカルティー・ディベロッパーが上に挙げた部署のうち少なくとも一つと協力していることがデータで示されている。協力が行われる場所は中規模なコンソーシアムである。テクノロジー・センターは最も一般的なパートナーであり（4分位の 3.2）、回答者の 77％がこれらのセンターと中程度またはかなり該当すると回答している。学術系の学部長たちもかなりの頻度でパートナーとなっており（2.9）、ディレクターの 64％が中程度またはかなり該当すると回答している。図書館（2.7）と評価室（2.5）は、どちらも 50％以上が重要な協力部署であると回答している。地域・サービス学習、ライティング・センター、多様性／包含センター、TA 開発プログラムは、平均で 2.0 から 2.4、40％から 49％が中程度またはかなり該当すると回答している。興味深いことに大学の類型では大したバラツキはなく、したがって私たちはデータを集計形式のみ

で報告することにした。センターに特定の技術訓練や TA 開発といった機能の一部がすでにあると回答したディレクターは少ない。上に挙げた分野に対応する学内部署が無いという回答も、特に評価室で、いくつかあった。回答者に示した以外の、その他の他部署との協力では、障がい学生支援室が最も多く、次に遠隔／e ラーニング室が続いた。

　ディレクターたちは学内の他部署でも FD プログラムを提供しているところがあると報告しているが、一般的にはごくわずかである。それらのほとんどはテクノロジー部門（平均 3.0、中程度またはかなり該当が 67％）、学部長等の学術系（平均 2.3、中程度またはかなり該当が 41％）、図書館（平均 2.33、中程度またはかなり該当が 36％）である。ディレクターの 1 ／ 3 が、彼らの大学では地域・サービス学習とライティング・センターは教員を対象に提供されていると回答した。しかし一般的にファカルティー・ディベロッパーたちは、学内他部署で実施されているプログラムと関連が強いとは認識していなかった。

6. 結　論

　ディレクターたちが彼らの FD プログラムの最重要目標が、その焦点と重要性において変化していると回答したことは、ある程度、第 4 章で議論を展開する中央集権構造への変化と同じように見ることができる。現在の最重要目標は、大学全体の変革に対応したものであり、ディレクターたちの変革に対する役割は前回の報告よりもはるかに拡がっている。個々の教員メンバーのニーズに焦点を当てるという昔からの目標は、未だにディレクターたちがプログラムを運用する際の最重要目標のうちの一つであるが、10 年前よりはその程度が少ない。最も影響を与えていないと報告された 3 つの目標——学部の目標を開発し支援すること、アクレディテーションへの大学の対応を支援すること、学内の他部署との連携——は、今回の研究の別の部分で重要な領域となる。

　学内他部署との協力については、私たちが想定しているほど広範囲なものではなかった。回答したセンター等の 75％以上がテクノロジー・センター

と中程度から広範囲に協力しているとしているが、一般的に本来の協力関係は普遍的ではなく、テクノロジー・センター以外の学内他部署は教員にプログラムを提供していなかった。

本章のハイライト

- FD プログラムが目指す 3 つの最重要目標は過去 10 年を経ても同様であった。とはいえ、3 つの目標のうち上位 2 つの順位が替わった。「卓越した教育文化をつくり、維持すること」と「教育学習における新たな計画を進める」が増え、「教員メンバー個々の職能開発の目標に対応して支援する」は顕著に減った。

- ディレクターたちが彼らのセンターの目標であると回答したものの多くは同じものであった。しかし目標の優先度については大学類型により違いがあった。研究／博士大学のセンターは 2 つの最重要目標として「卓越した教育文化をつくり、維持すること」と「教育学習における新たな計画を進める」を挙げ、リベラルアーツ系大学とコミュニティー・カレッジでは大学と教員個人を支援することの重視を含んだ幅広い目標が示された。

- 最重要とする回答の最も少なかった目標は、過去 10 年以上たってもほとんど変わっていない。最も重要でない目標は、「学部の目標や計画、開発を支援すること」「学内の他の学習関連部署と連携すること」「教育に関する優秀性を評価し、報奨すること」である。

- センターにとって最も重要でないとされる目標が、大学の教育文化を促進する障壁を除去するために必要であり望ましいということが、調査データの他の部分で報告されていることは注目に値する。

- テクノロジー・センターとの協力関係は強いが、学部長、副学部長や図書館、評価室との協力関係は、やや一般的ではあるが中程度である。

第3章　どこで誰と仕事をしているのか？

　目標と目的がプログラムの活性化を導くことから、大学の中でのFDの組織構造は、FDセンターの性質を決める重要な要素である。本章では、大学においてFDがどのように組織化され、資金供給され、学内の他部署とどのような関わりをもっているかについて論じる。具体的には、大学において取り組まれているFDの構造を論じるとともに、過去にSorcinelli他(2006)において報告された現代と異なる構造を持ったFDとの比較を試みる。FDは大学における優先事項として、これまで以上に幅広く認知されているように見える。この章ではまた、教授、学習、教員の業務に対する大学の財政支援を示すものとして、FDセンターの予算や人員についても論じる。

1．構　造

　大学においてFD活動が現在どのように組織化され、そしてそれらがこの10年でどのように変化をしてきたかを理解するために、各大学のFD活動の構造を最もよく理解しているFD担当者へ、FDの専門スタッフによって一元化された組織、組織自体ではプログラムを提供しないがFDプログラムの情報共有と大学全体への支援を行う組織、FD活動を支援する委員会、個々の教員やアドミニストレーターがFD活動を支援するのか、あるいは組織全体の部署の組織によるのか、という設問へ回答を求めた。この項目は、FDに関する先行研究や過去の調査と同様の内容を用いている。同一大学からの複数回答を避けるために、今回の調査ではFDの管理権限を持つディレク

ターや上級管理職者のみを対象に、FDの構造について質問した。

10年前の調査では、Erickson (1986) の先行研究と比較して、FDの専門スタッフによる一元化された組織を持つ大学の割合が大きくなっていることを明らかにした。FDプログラムの組織構造は、FDの専門スタッフを伴う一元化によって基本的に組織されており、FDの組織化と一元化の傾向が続いていることを最新の調査から明らかにした（前回の調査では54%であったものが、今回の調査では59%であった）。次によく見られたFDの構造は、FDに対して包括的な責任を持つ個々の教員やアドミニストレーターが関わるものであった。この構造は今日およそ3分の1 (29%) の大学が採用しているものであり、10年前と比較すると19%増加している。委員会を中心としたFDの企画や、大学の資源を情報共有する構造を持つ大学はともに減少し、2006年は16%であったが、現在はわずか3%の回答しかなかった。**表3.1**は、今回の調査から明らかにした (FD) プログラムの組織構造に関するデータを要約したものである。

表3.1　機関類型から見たFDの構造

FDの構造	全体	研究／博士大学	総合大学	リベラルアーツ・カレッジ	コミュニティー・カレッジ	カナダの大学
情報共有方式	1%	0%	3%	0%	0%	1%
委員会方式	3%	3%	0%	8%	12%	3%
個々の教員や管理職者に対するFD活動の支援	29%	19%	33%	62%	47%	32%
中央集権構造	59%	70%	59%	31%	41%	58%
システム全体の部署のような構造	2%	1%	3%	0%	0%	2%
特定領域に焦点をあてたFD支援	1%	6%	3%	0%	0%	1%
その他	4%	1%	0%	0%	0%	3%

回答数 = 165; 無回答 = 28。四捨五入のため合計100%にはならないこともある。全体には大学類型にない大学も含まれている。

2．大学間の相違

　FD プログラムの形式化と一元化は大学全体の傾向であるが、大学の類型によってその構造に多少の違いがみられる。ほぼすべての研究／博士大学は、大学全体あるいはその一部を対象とする学内のセンターにおいて、FD プログラムを組織している。このような構造を持つ大学のパーセンテージは、10年前と比べても変化をしていない。この構造を持つこれらの研究／博士大学は、2006 年の調査では 72%、最新の調査では 70% であった。同時に、研究／博士大学においては、教員として、あるいは学部長として FD 活動を管理運営してきた経験をもつ者が増加しており、10 年前の調査では 10% であったものが、今回の調査では 19% となっていた。

　総合大学においては、一元化した構造を持つ大学が 51% から 59% へと増加していた。また、研究／博士大学と同様に、FD に対して個々人が責任を持つモデルが依然として残っており、実際にその構造は総合大学においては一般化しつつある (24% から 33% に上昇)。Centra (1976) は、大規模大学と比較すると、多くの小規模のリベラルアーツ・カレッジでは、FD 組織へのサポートは劣っている傾向にあることを指摘している。しかしながら、我々の行った前回の調査からは、個々の教員かあるいは管理職者に対する FD の構造が 33%、正式な組織を持つ FD の構造が 26% であり、小規模リベラルアーツ・カレッジにおいても半数以上が FD 組織を有していることが明らかになっている。今回の調査結果では、組織化された FD はほぼ 2 倍となり、個々の教員や管理職者に対する FD 活動の支援は 62%、一元化した FD 組織は 31% である。

　対照的に、FD を支援する委員会の利用は急激に減少している。2006 年に実施した前回の調査では、リベラルアーツ・カレッジの 4 分の 1 (26%) が FD のコーディネートのために委員会を用いていたが、最新の調査ではわずか 8% にとどまっていた。それぞれの大学類型の中で、小規模リベラルアーツ・カレッジは、過去 10 年において FD のための組織化された構造へと最も大きく変化していることが明らかになった。コミュニティー・カレッジにおける FD の構造もまた、一元化構造へと大きく変化していた。10 年前、コミュ

ニティー・カレッジで最も採用されていた構造は、一元化モデル (35%) であり、残りの 3 分の 2 は教員かアドミニストレーターによって組織化された FD (21%)、委員会方式 (21%)、情報共有方式 (21%) であった。今回の調査では、個々の教員や管理職者に対する FD が 47%、中央集権モデルが 41%、委員会方式は 12%、情報共有方式は 0% であった。これらの大学において、FD は明らかに一元化し、戦略的に行う事項になっている。カナダの大学においても、過去 10 年に構造の変化が見られるが、アメリカの構造変化とは異なる変化を示していた。カナダの大学は、今もなお専門スタッフを伴う中央集権構造が主流 (58%) であるが、前回の調査のパーセンテージは 71% であった。今回の調査結果は、一元化構造の割合の減少を示し、その代わりに個々の教員や管理職者に対する FD の割合が 16% から 32% に上昇していることを明らかにした。

3．現行の構造になってからの年数

　大学における FD 組織において、注目すべき変化を示すエビデンスはまだある。本調査において、ディレクターを対象とし、表 3.1 に示された構造に関する補足の質問をし、現行の FD の構造になってから何年経過しているかを尋ねている (**表3.2**)。回答者の半数以上 (56%) は、現行の構造になってから 10 年以下、3 分の 1 (33%) は 5 年以下と回答している。興味深いことに、現行の構造になってから 21 年以上経過していると回答したのは回答者の 9% のみであり、FD 関連部署は継続的な再構築を必要とし、FD の構造とその構成員は新たな機会と同時に緊張状態に晒されてきた (Chism, Gosling & Sorcinelli, 2010)。それでもやはり、一元化構造の過去 5-10 年以上の全体的な発展は、FD が大学のミッションに対して次第に重要視されていることを示唆している。明瞭であろうとなかろうと、FD は大学と教員集団の高まる需要を背景に、戦略的な業務として見られている。少なくとも構造に関して言えば、大学は明らかに FD を大学の周縁部から中核へと動かしている。

表3.2　現行のFD構造を維持している期間

FD構造	回答数	5年未満	6-10年	11-20年	21年以上
全体	159	33%	23%	34%	9%
中央集権構造	99	24%	24%	37%	15%
個々の教員等	48	45%	23%	31%	0%
情報共有方式	2	50%	0%	50%	0%
委員会方式	5	60%	20%	20%	0%

回答数 = 159; 無回答 = 34。四捨五入のため合計100%にはならないこともある。全体には大学類型にない大学も含まれている。

4．報告経路、必要人員、予算、資源

　今回の調査では、回答者であるディレクターに対し、報告経路、必要人員、予算、追加財源に関するいくつかの新規質問項目を用意した。我々は、FD活動の拡がりと規模を計測するにあたって、ディレクターと上級管理職者にとって有益であろうFDの総合的なプロファイルを構築したいと考えている。

5．直属の上司

　この領域の発展の初期段階において、教育センター（訳注：FDセンターのこと）は、教務部門、教育学部、図書館、視聴覚室など、高等教育機関の様々な場所に設置された。しかしながら、その発展に伴い、学長、副学長、学部長などの教務担当代表者の業務として、より明確な形でセンターやプログラムが設置され、制度的に報告系統が構築されていった。これらの仕組みの変化は、FD構造の一元化と合致して進んでいる。**表3.3**は、大学類型による報告系統に関する詳細な状況を示している。全ての大学類型において、多くのFDのディレクターたちは、学長(33%)か副学長(45%)のどちらかに報告を行っている。この傾向は、特に研究／博士大学と総合大学において顕著にみられる。また、リベラルアーツ・カレッジとコミュニティー・カレッジにおいては、学長よりも副学長や学部長に対して報告がなされている傾向にあ

表3.3　報告の仕組み―FD組織責任者は誰に報告をするか？

報告対象	全体	研究／博士大学	総合大学	リベラルアーツ・カレッジ	コミュニティー・カレッジ	カナダの大学
回答数	161	71	39	13	16	14
学長	1%	0%	0%	0%	6%	0%
教育担当副学長	33%	32%	46%	46%	19%	14%
教育担当副学長補佐	45%	54%	46%	15%	25%	36%
学部長／学部長補佐	13%	9%	5%	31%	25%	29%
副学長	6%	6%	0%	0%	25%	14%
その他	3%	0%	3%	8%	0%	7%

回答数 = 161; 無回答 = 32。　四捨五入のため合計100％にはならないこともある。全体には大学類型にない大学も含まれている。

る。注目すべき点としては、これらの大学の監督権限を持つ学部長は、研究／博士大学の副学長の権限と同等ということである。リベラルアーツ・カレッジとコミュニティー・カレッジにおける報告系統の若干の違いは、規模の大きい同系統の大学と比較した時、小規模大学のフラットな組織構造を反映していると言えるだろう。

6．スタッフの構成

　各大学類型においてFDに従事するスタッフの平均数は**表3.4**の通りである。一定数のパートタイムスタッフがいると仮定した上で、FD部門におけるフルタイムスタッフ数について尋ねている。回答結果の幅は大きく、いくつかの職階においては平均値よりも標準偏差がはるかに大きかった。広範囲に及ぶスタッフに対して報告を行っているディレクターは少数であり、中央集権化されたFD組織においては、一般的に1人のフルタイムのディレクター（155人の回答者のうち、ディレクターがフルタイムでないと回答した者は20人のみ）と、1、2名の副ディレクター、ごく少数の専門職スタッフ、大学院生や学部学生を含めた様々なサポートスタッフから構成されている。総合大学とコミュニティー・カレッジでは、フルタイムでないディレクターと、限られた

スタッフ数から構成されている傾向にある。

表3.4　大学類型別の平均的な職員数

名称	全体 平均 (標準偏差)	研究／ 博士大学 平均 (標準偏差)	総合大学 平均 (標準偏差)	リベラル アーツ・カ レッジ 平均 (標準偏差)	コミュニ ティー・カ レッジ 平均 (標準偏差)	カナダの 大学 平均 (標準偏差)
ディレクター	1.01 (.42)	1.07 (.47)	.96 (.33)	1.02 (.35)	.69 (.38)	.88 (.26)
副ディレクター	1.72 (2.76)	2.38 (3.44)	.61 (.59)	1.00 (1.22)	.33 (.58)	1.33 (.98)
専門職スタッフ	3.58 (4.04)	3.36 (3.30)	2.49 (2.90)	4.24 (6.08)	1.56 (2.50)	5.36 (4.18)
サポートスタッフ	1.84 (3.02)	2.48 (3.99)	.83 (.56)	1.31 (1.05)	.77 (.40)	2.73 (3.13)
大学院生	2.83 (5.89)	3.76 (7.11)	.84 (.94)	.00 (.00)	--	5.00 (3.56)
学部学生	3.52 (10.38)	5.23 (13.40)	1.40 (1.51)	.94 (1.42)	--	1.60 (.55)
その他	8.30 (27.87)	.67 (1.21)	1.00 (1.41)	--	.83 (.14)	55.00 (70.71)

回答数 = 161; 無回答 = 32、-- はデータ無し。

7．プログラム運用のための予算

　この調査では、スタッフの給与を除くFDプログラムのための予算規模についても尋ねている。このアプローチの理由は、職員の配属情報は個々人に対するFDのための大学の投資を示しているが、追加予算の配分は教員に対する補助金、イベントの企画や推進、参加率を高める取り組み、出張経費など、スタッフへの給与の枠を超えた大学の投資を反映しているためである。回答者の大部分(70%)は、10万ドル以下の年間予算で運営していると回答し、大規模研究／博士大学はプログラム構築のためのより安定的な予算を計上している傾向にある。これは特別なことではなく、大学の規模や幅は様々な要素に影響を与えやすい(例えば、大学院生、フルタイム／パートタイム教員、学長な

ど）。**表3.5** は、大学類型別のプログラム予算の割合を示したものである。

表3.5　大学類型によるプログラム予算規模

予算	全体	研究／博士大学	総合大学	リベラルアーツ・カレッジ	コミュニティー・カレッジ	カナダの大学
回答数	147	60	37	13	17	12
$0 - $24,999	30%	18%	41%	31%	35%	31%
$25,000 - $49,999	18%	13%	24%	23%	24%	15%
$50,000 - $99,999	22%	22%	24%	38%	12%	15%
$100,000 - $149,999	10%	13%	5%	8%	6%	8%
$150,000 - $199,999	7%	7%	3%	0%	12%	23%
$200,000 - $249,999	5%	10%	3%	0%	0%	0%
>$250,000	8%	17%	0%	0%	12%	8%

回答数 = 147; 無回答 = 45。　四捨五入のため合計 100%にはならないこともある。全体には
大学類型にない大学も含まれている。

8．年間予算以外の財源

　プログラム運用のための予算は、FD に関する資金配分の全てを物語って
いるわけではない。FD プログラムの財源をより明確にするために、回答者
に対して過去 2 年の間に様々な財源から資金援助を受けたかどうかを 2 択に
て尋ねている。**表3.6** は、大学類型によるもので、年間予算以外の各財源から、
ディレクターたちにより追加の資金を得た者のパーセンテージを示している。
回答者がアクセスしたと報告した財源の平均値は 2.33 件であった。

このデータは、あらゆるタイプの大学においてファカルティー・ディベロッパーが、活動的かつ企業家精神にあふれていることを示している。グループ全体では、過去2年の間に追加の予算配分を受けていないと回答した大学は20%以下であるが、特筆すべき点として、総合大学の4分の1（26%）がそれに該当している。一般的に、ディレクターたちは教員や大学のニーズに応えるために、様々な財政支援を組み合わせていることが明らかになっている。例えば、ディレクターの41%は大学の特別なプロジェクトに関する特別予算を受けていると回答し、31%は外部資金からプログラム費用を捻出し、30%は他部門との費用分担を行い、24%は寄付金等によってプログラムを運営している。サービスに対して料金を請求するプログラムはごくわずかであり、FD部門はサービス指向であろうと努力していることが示唆される。さらに、積極的に資金調達を行っているプログラムはごくわずかである。

表3.6　大学類型による追加の資金配分の財源

追加財源	全体	研究／博士大学	総合大学	リベラルアーツ・カレッジ	コミュニティー・カレッジ	カナダの大学
回答数	160	71	37	12	16	15
外部資金	32%	29%	33%	39%	29%	47%
寄付金等	24%	28%	19%	22%	18%	24%
繰越資金	20%	32%	5%	6%	12%	24%
大学からの単発的な資金配分	41%	42%	42%	33%	41%	47%
他部署との費用分担	30%	33%	33%	22%	24%	29%
大学内外のサービス（プログラム／イベント／会議）料金	5%	6%	7%	0%	0%	6%
ユニオンマネー／契約交渉（買取や交渉資金等）	2%	2%	0%	6%	0%	0%
ファンドレイジング	1%	0%	5%	0%	0%	0%
特になし	17%	18%	26%	0%	18%	0%

回答数 = 160; 無回答 = 33。四捨五入のため合計100%にはならないこともある。全体には大学類型にない大学も含まれている。

9. 大学類型ごとの構造の特徴

FD の構造、資金、人員配置に関する回答については、大学類型を用いた考察によって、その全体的な特徴が明らかとなる。以下の節では、本章においてこれまで用いたデータから、FD プログラムの構造的特徴を導き出す。

(1) 研究／博士大学

研究／博士大学は、専門スタッフによる一元化構造が一般的な組織形態となっている (70%)。FD に責任を持つ者が 2 人未満であると回答したのはわずか 20% である。この組織形態はかなり成熟しており、59% が 6-20 年経過し、5 年未満に留まっている大学はわずか 19% に過ぎなかった。ディレクターは、一般的に副学長 (54%) か学長 (32%、表 3.3) に報告義務を有している。研究／博士大学における FD センターは、幅広いプログラムのための予算を持っているが、60% が年間 20 万ドル以下の金額で運営されている。ディレクターの 40% が年間予算 10 万ドルで運営していると回答している。これらの予算は、様々な財源から補われている。特別予算の配分は 42%、他部門との費用分担は 33%、前年度予算の持ち越しは 32%、外部資金の確保は 29%、寄付金利用が 28% となっている。一般予算以外の外部資金を獲得していないと回答した者は 18% に過ぎなかった。研究／博士大学におけるスタッフの配置状況を見ると、1-2 名の副ディレクターと、少数のインストラクショナルデザイナーと事務部門のスタッフの混成が一般的である。全ての職階を合わせたフルタイムスタッフ数の中央値は 8 人、最頻値は 1 人である。つまり、いくつかのセンターは大人数で構成されているが、多くは各職種につき 1 人分のフルタイムスタッフを有しているに過ぎない。

(2) 総合大学

総合大学は、専門職を伴う一元化構造の組織を持つところが多く (60%)、次いで個人が FD の全体を統括する構成 (33%) となっている。回答者は、これらの組織構造が研究／博士大学よりも遅い時期に設置されていると回答し

た。現在の組織構成に関してみると、総合大学のうち、46% の組織は極めて新しく、3 年以下が 15%、3 年から 5 年の間が 31% となっている。しかしその一方で、回答者の 31% は現行の体制で 11-20 年続いていると答えている事実もある。ディレクターの報告対象は、学長、副学長ともに 46% であった。予算は概ね 10 万ドル以下となっているが、注目すべき点としては、回答者の 48% が 2 万 5 千ドルから 9 万 9 千ドル、41% は 2 万 5 千ドル以下と回答していることである。ディレクターによる他の資金源へのアクセスについてみると、特別予算の獲得は 42%、他部署との費用分担は 33%、外部資金は 33% となっていた。

(3) リベラルアーツ・カレッジ

　リベラルアーツ・カレッジの回答者は、ディレクターの業務の一つとして個人が FD 活動全体を統括する形態が一般的であり (61%)、一元化構造の組織を採用する大学は 31% に留まっている。大部分 (62%) の回答者は、現行の組織形態となって 5 年以下とし、6-10 年は 15%、その他の 15% は 20 年以下と回答している。報告対象は学長が 46%、学部長が 31%、副学長が 15% となっていた。回答者の 92% は年間予算が 10 万ドル未満であるとし、そのうち 31% は 2 万 5 千ドルに満たない金額であった。しかしながら、これらの比較的小さく見える予算は外部資金によって増加 (39%、全ての学校類型の中で最も高い) しており、続いて特別予算のプロジェクトが 33%、他部署との費用分担及び寄付金等がともに 22% となっている。全ての回答者が一般予算以外の何かしらの外部資金を活用している。スタッフの役割ごとに全てのカテゴリーを見ると、中央値は 2 人、最頻値は 1 人であり、リベラルアーツ・カレッジの FD スタッフは全体的に限られた人数に留まっている。

(4) コミュニティー・カレッジ

　コミュニティー・カレッジの回答者は、その多くがリベラルアーツ・カレッジと比べ一元化した組織構成であると回答した (41%) が、最も回答が多かったものは 1 人が FD 活動に対して責任を持つものであった (47%)。コミュニ

ティー・カレッジにおける組織構成は安定的であり、64% の回答者が 11-20
年にわたり現行の組織形態を維持していると回答した。報告対象は、他の大
学類型と比べて最も多様である。副学長、教学担当副学長、学部長はそれぞ
れ 25% であり、学長は 19% であった。コミュニティー・カレッジにおける
FD 活動は、様々な財源によって運営されている。回答者の 35% は一般経費
は 2 万 5 千ドル以下であるとしているが、その一方で 12% は 250 万ドルを
超えており、コミュニティー・カレッジシステム内のセンターとしては特
異な傾向と言える。大部分は特別予算によるプロジェクト経費 (41%) であり、
外部資金が 29%、他部署との費用分担が 24% である。回答者の 18% は一般
経費以外のいかなる外部資金も用いていないと回答している。スタッフの規
模は小さく、中央値、最頻値ともに 1 FTE (フルタイム換算) である。

(5) カナダの大学

　カナダの大学では、一元化した組織構成が最も一般的であり (58%)、続い
て個人による FD 全体の統括 (32%) である。この組織構成は 11-20 年続いて
いるのが最も一般的である (64%)。これらの大学のディレクターは、様々な
報告対象者を有している。学務担当副学長が 36%、学部長が 29%、学長お
よび副学長が 14% である。予算の状況も多様であり、回答者の 31% の年間
予算は 2 万 5 千ドル以下であり、2 万 5 千ドル以上 10 万ドル以下が 30%、15
万ドルから 19 万 9 千ドルの間が 23% である。外部予算の活用状況は、アメ
リカと比較をすると注目すべき点がみられる。47% が外部資金及びプロジェ
クトベースの特別予算を獲得し、費用分担は 29%、寄付及び前年度費用の持
ち越しが 24% となっている。全ての回答者が、少なくとも 1 つ以上の一般
経費以外の何かしらの外部資金を活用している。カナダの大学の FD 部門の
スタッフ数の中央値は 5 名であり、1 名のフルタイムのディレクター、副ディ
レクター、3-4 名の専門職者と事務部門担当者である。

10.　結　論

　過去10年間において、ディレクターを中心に、専門職スタッフがそれを支えるFD組織の運営に向けて、統合と一元化が進んできたと言える。この傾向が最も顕著であったのは、リベラルアーツ・カレッジとコミュニティー・カレッジであり、一元化した組織構成を採用する大学が2倍近く増加する一方で、他の構造を持つ大学は大きく減少している。多くの大学にとって、FDのための資金配分において、最も大きな要素は人件費であるとされ、あらゆる大学類型において人件費以外の年間運営費用は少額と言える。おそらく、こうした予算状況ゆえに、FDのディレクターは最も企業家精神を持っており、回答者の80%以上がプログラムの経常的予算以外の何かしらの外部資金を獲得していることからも明らかである。

本章のハイライト

- FDプログラムの組織構造は、過去10年間で（2006年の調査と比較して）、より形式化し一元化してきた。ほとんどの場合、専門職スタッフの配置による中央集権型の組織構成によって構成されている（2006年の54%から59%に上昇）。さらに、教員や管理職者がFDに対する監督責任を持つ形式も、あらゆる大学類型においてみられる（2006年の19%から29%に上昇）。
- 報告対象者の傾向も、FDの一元化という先の状況と同様である。ディレクターの78%が、学長か副学長のどちらかに活動の報告義務を有している（表3.3）。この一元化の動きは、FDの組織形成において極めて新しい動向であると言える。回答者のおよそ半数以上（56%）は現行の組織形態になってから10年以下であるとし、そのうち3分の1は5年以下であると回答している（表3.2）。
- 多くのスタッフを抱えていると回答したディレクターはほとんどおらず、一元化の組織は基本的に1人のフルタイムのディレクターと、1-2名のFD組織の副ディレクター、1名の専門職スタッフと、事務担当者、大

学院生、学部学生等からなるサポートスタッフから構成されている。ス
タッフ人数の中央値は、大学類型により 1-8 名の範囲となっている。

- 回答者の 70% は、年間の経常的予算は 10 万ドル以下と回答し、48% は
5 万ドル以下の年間予算となっている (表 3.5)。

- 大学における FD の組織構造、予算、人員配置の違いは、明らかに多様
な大学類型による FD への支援状況の違いから生じている。

第4章　対象とする FD サービス

　FD センターの仕事は、1960 年代後半以降進化を続け、教員集団、学生集団、教育、研究、学問の変化によって発展してきた (Sorcinelli, Austin, Eddy & Beach, 2006)。本章では、FD センターのサービスとプログラムの両方で、センターが現在取り組んでいる事柄と領域を示す。まず、FD センターによって提供される現行のサービスを支える最も顕著な事柄について考察し、そして、過去 10 年の継続性と変化を明らかにするために、可能な部分については、私たちが 2006 年に実施した調査の結果と比較を行う。

　今回の調査において、ファカルティー・ディベロッパーたちが最も重要とみなしているプログラム、つまり特徴的なサービスについて、より詳細に検討を進める。これらのサービスは、FD センターがファカルティー・ディベロッパーたちの所属大学における主たるニーズに対応し、最も意欲的に取り組む活動を集約するものになる。そのため今回の調査では、FD センターの提供する特徴的なサービスを 3 つ選択するように求めている。回答者はまた、フォローアップの電話によるインタビューに参加する意思がある場合、担当者に関する連絡先情報を示すオンラインフォームを通じて情報提供しており、これにより私たちが特徴的なサービスの詳細な情報を収集することを可能にしている。およそ 120 人の回答者が連絡先を提供し、そのうちの 70 人に対して電話によるインタビューを行った。この章では、調査結果を示した上で、特徴的なサービスの範囲を例示するために、いくつかのプログラムに分けてその概要を明らかにする。最後に、ファカルティー・ディベロッパーたちが自らの提供するプログラムとして対応しないであろう FD サービスと、追加

の財源や機会がある場合には実施を検討する FD サービスについても考察した。

1. 現在行われている FD サービス

私たちが 2006 年に実施した調査は、ファカルティー・ディベロッパーたちに対し、幅広く提供されている FD サービスの中から、FD センターが取り組む主たる事柄について質問した最初の調査である。今回の調査では、改めて選択肢の中から現在提供する FD サービスをどの程度実施しているかについて質問した。回答者は 39 項目の中から回答し、それは 3 つの領域（教育と学習（14 項目）、教員の職務とキャリア開発（16 項目）、教育と大学の改善（9 項目））に分かれている。これらの項目は、前回の調査に用いたもの（過去にほぼ回答のなかった項目は除外）を中心に、過去 10 年の教育や学習、教員の職務に関する先行研究をもとにいくつかの新規項目を追加したものである。回答者は、4 段階のリッカート尺度（1＝まったく、2＝わずかな程度、3＝中程度、4＝かなりの程度）を用い、提供する FD サービスの中から、各項目の活動にどの程度取り組んだかを回答している。詳細な回答結果は附録 B に掲載されており、重要な領域ごとに整理されている。この項目では、ファカルティ・ディベロッパーたちが最も重要とするサービス（**表4.1**）とそれらの大学による違いについて論じる。

2. 最も重要とされる FD サービス

FD センターがサービスを提供している事柄は、10 年前の結果（Sorcinelli et al., 2006）と比較すると、かなりの一貫性があることが窺える。ファカルティー・ディベロッパーたちは、以下の 5 項目について、中程度あるいはかなりの程度（平均値 3 以上）実施している FD サービスとして認識している。

1. 新任教員へのオリエンテーション、3.48（2006 年時は 3.03）

表4.1　現在提供されているFDサービス

カテゴリー	サービス	回答数	全体 平均(標準偏差)	研究／博士大学 平均(標準偏差)	総合大学 平均(標準偏差)	リベラルアーツ・カレッジ 平均(標準偏差)	コミュニティ・カレッジ 平均(標準偏差)	カナダの大学 平均(標準偏差)
教員の職務とキャリア開発	新規採用教員に対するオリエンテーション	328	3.48 (.78)	3.41 (.80)	3.43 (.83)	3.55 (.79)	3.77 (.57)	3.63 (.63)
教育・学習	伝統的授業方法に対するテクノロジーの導入	330	3.28 (.85)	3.26 (.84)	3.28 (.88)	3.39 (.90)	3.13 (.90)	3.41 (.84)
教育・学習	アクティブラーニング	322	3.25 (.88)	3.29 (.89)	3.08 (1.01)	3.28 (.77)	3.20 (.93)	3.41 (.84)
教育・授業成果の向上	学習成果の評価	329	3.21 (.87)	3.15 (.92)	3.23 (.85)	3.36 (.74)	3.23 (.86)	3.22 (.93)
教育・授業方法の向上	科目／カリキュラム改革	324	3.08 (.95)	3.03 (.96)	3.08 (.93)	3.25 (.80)	3.00 (.98)	2.96 (1.15)
教育・学習	ブレンド型学習（教室とオンラインの組合せ）	321	2.88 (1.02)	2.93 (1.05)	2.71 (1.04)	2.97 (.98)	2.83 (1.04)	3.07 (1.00)
教育・学習	オンライン学習	326	2.83 (1.10)	2.86 (1.11)	2.69 (1.03)	2.81 (1.09)	2.70 (1.18)	3.08 (1.13)
教育・学習	教授学習の学識 (SoTL)	320	2.80 (1.03)	2.77 (1.00)	2.75 (1.00)	2.77 (1.28)	2.66 (1.01)	3.04 (1.04)
教員の職務とキャリア開発	メンタリング	309	2.71 (.80)	2.69 (.81)	2.51 (.72)	2.80 (.81)	2.87 (.73)	2.93 (.87)
教員の職務とキャリア開発	非常勤教員対象FD	317	2.62 (1.05)	2.67 (1.04)	2.78 (1.05)	2.63 (1.10)	2.57 (1.01)	2.17 (.92)
教育・授業方法の向上	プログラム評価	321	2.61 (1.10)	2.58 (1.16)	2.72 (1.04)	2.61 (.92)	2.69 (.104)	2.28 (1.17)
教員の職務とキャリア開発	有期雇用教員対象FD	299	2.61 (1.10)	2.65 (1.04)	2.62 (1.15)	2.54 (1.29)	2.43 (1.10)	2.56 (1.04)
教育・学習	人種や多文化教育	326	2.60 (.99)	2.75 (1.00)	2.48 (1.05)	2.52 (.91)	2.23 (.77)	2.85 (.864)
教員の職務とキャリア開発	中堅／シニア教員FD	318	2.59 (.98)	2.63 (.97)	2.50 (.93)	2.61 (1.15)	2.57 (.94)	2.62 (.94)
教育・学習	ティーチングポートフォリオの作成	314	2.50 (1.09)	2.47 (1.08)	2.46 (1.09)	2.65 (1.08)	2.52 (1.15)	2.68 (.95)

1＝全く行っていない、2＝あまり行っていない、3＝時々行っている、4＝よく行っている。

2. 教育や学習における最新テクノロジーの適用、3.28（2006 年時と同様）

3. アクティブラーニングや問題解決型学習、3.25（2006 年時は 3.00）

4. 学習成果の評価、3.21（2006 年時は 2.57）

5. 科目／カリキュラム改革、3.08（2006 年時は 2.40）

2006 年調査では、新任教員へのオリエンテーションプログラムが、FD セ
ンターの提供するサービスの 3 つの主要課題の一つとして示され、センター
が過去 10 年間にわたってこのサービスを維持向上させる重要課題とし続け
ている。これは、FD センターが依然として多様かつ新たな世代の教員を積
極的に受け入れていく環境の構築が必要であるということを示唆している
（Austin, Sorcinelli, & McDaniels, 2007; Trower, 2012）。研究によると、キャリアの初期
の教員は、自分たちがどの程度同僚と認められ、心地よいコミュニティー
を大学が提供しているかについて懸念を持っている（Gappa, Austin, & Trice, 2007;
Rice, Sorcinelli, & Austin, 2000）。新任教員対象プログラムは、所属大学に対する
満足度とモラルを高めることが可能な同僚関係を構築する第一歩となって
いる（Gappa et al., 2007）。ファカルティー・ディベロッパーたちは、大学の専
門性を担保するものとしての教育と学習の特徴付け、新任教員を対象とし
た FD センターの活動の紹介、大学内の他の重要な部署へのアクセスのため、
新任教員に対するサービスを重視している（Cook & Kaplan, 2011）。

　次の 3 つのトピック——テクノロジー、アクティブラーニング、評価——
もまた 10 年前にファカルティー・ディベロッパーたちによって最も重視す
べき 5 つのうちに含まれていたものである。今回の調査において、全ての大
学類型の回答者は、これらの項目について未だに重要課題であると回答して
いる。高等教育機関と専門学会、あるいは高等教育機関に対する国民世論に
おいて、これらの重要な教育学的課題はますます重要になっており、これ
は学術研究の増加からも明らかである。このような状況にいて、ファカル
ティー・ディベロッパーたちが新旧双方の教員に対し、教室におけるテクノ
ロジー、アクティブラーニング、評価を効果的に用い、教育への関わりを深
めるための努力を継続していることを知っておく必要がある。

　特に注目に値するのは、双方の調査研究において、伝統的な授業方法と学習環境に対するテクノロジーの導入の重要性が明確に認識されていたことである。2006 年の調査では、この問題は教員が直面する主たる 3 つの課題の一つとして評価され (3.51)、また、FD センターによって最も取り組まれている項目であった (3.28)。今回の調査においても、テクノロジーの導入という課題は、FD センターが取り組むべき重要項目として残っている (3.28)。さらに、ファカルティー・ディベロッパーたちは、教育に関するサービスとして、概ね中程度がブレンド型学習を提供し始めており (2.88、新規設問項目)、オンライン教育については 2.83 と前回の調査の 2.63 から増加している。要するに、これらの考察から明らかになったことは、テクノロジーは FD センターにおいて重要課題としてあり続けているということである。ファカルティー・ディベロッパーたちは、ある程度においては、伝統的な教育環境へのテクノロジーの導入のために安定的にサービスを提供し、またブレンド型学習やオンライン教育のアプローチを効果的に用いている。今回の調査においては、第 2 章で示したように、FD センターのディレクターは、テクノロジー部門と積極的に協働し (77% が中程度あるいはかなりの部分において協働していると回答)、テクノロジー部門もまた独自のプログラムを提供している (67% が中程度あるいはかなりの部分においてプログラム化していると回答)。

　回答者はまた、10 年前と比べると科目／カリキュラム改革により積極的に取り組んでいると回答した。今回の調査の平均値は 3.08 であり、前回の調査の 2.40 と比べると大きく上昇しており、FD センターが現在重要視する課題となっている。多くの大学では、テクノロジーを介した経験を幅広く含めた教育活動へと展開しており、これらの新しい教育学的アプローチに対応するカリキュラム計画を必要とするニーズが高まっている。FD センターは、集中講座の開設や教員の学習共同体 (FLCs, Faculty Learning Communities) による授業計画の機会を提供することによって、これらのニーズに対応しつつある (Fink, 2013)。さらに、いくつかのプログラム管理者は、カリキュラム評価を実行するため、学部あるいは大学レベルでの取り組みを支援するようになっている (Cook & Kaplan, 2011)。

3．その他の FD サービス

　その他の FD の重要な課題は、主に実践的なものに注目が集まっている。回答者は FD センターが中程度の関心を持つ（2.50 以上）項目として、以下の 6 つ挙げている。教育と学習の学識（SoTL、2.80）、マイノリティー教員に対するメンタリングプログラム（2.71）、非常勤教員に対するオリエンテーションと支援（2.62）、有期雇用教員に対するオリエンテーションと支援（2.61）、プログラム評価（例えば、アクレディテーション、2.61）、教育に関する多文化主義や多様性（2.60）、中堅／シニア教員対象 FD（2.59、表 4.1 参照）。これらの課題の 3 つ、プログラム評価、有期雇用教員に対するオリエンテーションと支援、中堅／シニア教員対象 FD については、前回の調査では項目が無かったが、現在の大学では通用性のある項目であったために追加したものである。

　双方の調査において明らかになった課題のうち、いくつかについてはその重要度が増しており、SoTL は 2.57 から 2.80、マイノリティー教員に対するメンタリングプログラムは 1.90 から 2.71、非常勤教員に対するオリエンテーションと支援は 2.11 から 2.62 となっている。

　SoTL のサポートサービスの増加は、教室内で学生の学習に関する制度的な調査を行い、それらから得られる様々な情報を用いた研究を行う教員の増加と対応している。それらの成果には、教育に対する強い熱意、科目群の設計の変更、学生の学習の質の向上の記録が含まれている（Condon, Iverson, Manduca, Rutz, & Willett, 2016; Huber & Hutchings, 2005）。SoTL に関するプログラムの増加はまた、どのように、そしてどの程度学生が学んでいるのかに関するより良い理解が国内的にも国際的にも求められており、このインパクトは、FD に関するカンファレンスや SoTL に関する論文が同時に増加していることによって示されている（Beach, 2015; Kern, Mettetal, Dixson, & Morgan, 2015）。

　マイノリティー教員に対するメンタリングプログラムは、FD センターの主たる関心事の一つとなっており、これは明らかに多くの大学において、より多様な教員を雇い、能力開発をし、その人員を維持するよう努力している

ことが反映されている。公式／非公式なメンタリングは、新任教員を支援し、その社会化を最も効果的に進める方法として捉えられている (Johnson, 2007)。いくつかの研究からも、大学内での有色人種の教員や女性の教員との経験は、教員の満足度と能力の向上において重要な役割を果たしていることが示されている (Trower, 2012; Wasburn, 2007; Yun, Baldi, & Sorcinelli, 2016)。同様に、非常勤教員への関心の高まりも、こうした雇用形態で雇われる者が急速に増加していることを反映しており (Gappa et al., 2007; Kezar, 2012; Kezar & Sam, 2010)、それらの教員の学生の学習に対するインパクトも認知されている。

4．大学類型による差異

　大学類型を問わず、FD サービスとして提供されているプログラムは極めて似通っており、今回の調査からは提供されているプログラムの優先順位に関する明確な違いは明らかにできなかったが、いくつかの変化に関しては説明に値するものがあった。コミュニティー・カレッジとカナダの大学では、他の大学類型と比較した時、オンライン教育への関心が少し強い傾向がみられた。これは、これらの大学における FD センターの組織が、これらの業務を職務範囲内としていることを反映するか、あるいは他の大学類型におけるこうしたサービスの相対的な成熟度を映している可能性がある。コミュニティー・カレッジの回答者はまた、他の大学類型と比べて非常勤教員への支援やオリエンテーションに関するサービスをより積極的に提供している傾向にあり、これはコミュニティー・カレッジにおける非常勤教員の多さから理解できる。一方、リベラルアーツ・カレッジのファカルティー・ディベロッパーたちは、伝統的な教授学習方法に対するテクノロジーの導入に対し、他の大学類型よりも積極的にサービスを提供している傾向にあった。リベラルアーツ・カレッジとカナダの大学は、他の大学類型と比べ、マイノリティー教員に対するメンタリングプログラムと、ティーチングポートフォリオに関するサービスを提供していることが示されている。

5．FD サービスの中でさほど取り組まれていない項目

　ディレクターは、FD センターとして提供するプログラムのうち、教育と学習に関するサービスについて、いくつかについては「まったく」あるいは「わずかな程度」と回答しており（附録B）、14 項目のうちの 4 項目（サービスラーニング、横断的カリキュラムの作成、授業方法に関するピアレビュー、成人学生への教育）は、全体平均が 2.00 から 2.49 の間に留まっている。ただし、興味深いことにカナダの大学では、これらの項目の平均値が 2.50 を超えている。要するに、全ての教育と学習に関して提供されているプログラムへの関心が、他の大学類型と比較してカナダの大学は高い傾向にあるということである。チームティーチングとカリキュラム全体における持続可能性という 2 つの問題については、全体平均が 2.00 を下回っており、センターとして「まったく」あるいは「わずかな程度」しか取り組んでいないことが示されている。私たちは、教員の時間を最大限に利用する現状において、大学はチームティーチングを奨励しないであろうと推測している。それゆえ、FD センターのスタッフは、他のニーズと比べ、この項目に関しリソースを活用する傾向にないと考えられる。持続可能性は、多くの大学にとって急速に注目を集めており、これはアメリカ大学持続可能性協会の加盟校の増加（外国の大学を含めおよそ 900）からも示唆される。これらの大学は、協会の定めるブロンズからプラチナレベルの認証（https://stars.aashe.org.　参照）を受けるため、教育研究、エンゲージメント、運用、企画、経営管理における持続可能性に関わる実行計画を自主的に報告する仕組みを利用している。これは極めて新しい取り組みであり、多くのファカルティー・ディベロッパーたちにとってはまだ一般的な取り組みにはなっていない。

　教員の職務やキャリア開発に関するいくつかの項目は、FD サービスの一環としてあまり行われていない傾向にあった（附録B）。TA の能力開発、テニュア獲得や昇進準備、論文執筆、教員対象リーダーシップ開発の 4 項目の値は、2.00 から 2.33 の間に留まっており、FD センターによってわずかな程度しか行われていないことが明らかになった。6 項目の平均値が 2.00 を下回ってお

り、教員の職務における倫理的行動、外国人教員対象 FD、将来の大学教員
に対する FD、テニュア取得後の評価、時間管理、研究休暇の計画は、全く
行われていない項目である。これらの問題は全て、前回の調査からも教員と
ファカルティー・ディベロッパーたち、さらには高等教育機関にとって重要
課題と認識されており、教員の多様かつ変化していく役割を反映している。
今回の調査から明らかになったことは、大学が求められているあらゆる役割
に対し、どのように教員を支援するのが最も良いのかという問題に未だ取り
組んでいるということである。大学のリーダーたちは、FD センター単独で
教員の職務に関する多くのことを扱うことはできず、ある部分においては大
学のあらゆるところで支援されなければならないということを認識せざるを
得ないだろう。

　教育改善に関する 8 つの項目のうちの 3 つ（一般教育改革、プログラム評価、
学際領域の協働）の平均値は、2.22 から 2.48 の間に留まっており（附録 B）、こ
れらの項目はわずかしか提供されていないサービスであることが明らかに
なった。総合大学とコミュニティー・カレッジのファカルティー・ディベロッ
パーたちは、一般教育改革を 2.50 以上（総合大学は 2.54、コミュニティー・カレッ
ジは 2.72）と評していることは注目に値する。対照的に、私たちの前回の調
査からは、全ての大学類型において取り扱われている項目として、一般教育
改革の平均値は 1.98 であり（総合大学は 1.95、コミュニティー・カレッジは 2.29）、
サービスの一部としてかろうじて提供されている程度に過ぎなかった。これ
は、総合大学とコミュニティー・カレッジのファカルティー・ディベロッパー
たちは、一般教育科目の改革に対し教育学的知見やリソースの提供によって、
教務部門の職員や学部長等とともに業務を行っているためであると示唆され
る。2006 年の調査において、私たちはファカルティー・ディベロッパーた
ちの一般教育改革における重要性は高まると予測しており、これはある程度
妥当性があったと言うことができる。

　最後に、学部のリーダーシップとマネジメント (1.92) および、教員の企業
家精神 (1.38) の 2 項目は、2016 年時点では FD センターによってかろうじて
なされている程度に過ぎない。2006 年調査においても、学部のリーダーシッ

プとマネジメントの項目は 1.94 と同様に低水準であったが、これらのサービスを提供する必要自体は強く認識されていた (3.10)。学部は大学の活動を支える中心的な場所であり、学部長は教員の専門性の開発と教育の文化を構築するための極めて重要な役割を担っている (Buller, 2012)。おそらく、さらに重要なこととして、今回の調査結果は、学部を対象としたプログラムが教育学的改善のための強力な方策を提供できることを示唆している (Wieman, Perkins, & Gilbert, 2010)。しかし、学部長の準備と継続的な支援、特に教育改善については戦略的な大学の教育改善であると考えられるが、多くの FD センターでは明確な方法論を提示するに至っていないのが現状である。

Bergquist and Phillips は 1975 年に、FD の焦点として、教育的、専門的、組織的の 3 つの段階を提示した。40 数年経過し、当該分野の研究者たちは、この 3 つの段階が FD センターの活動に影響を及ぼし、将来的にも同様であると考えている (Lee, 2010; Sorcinelli, Gray, & Birch, 2011)。私たちの調査結果もまた、これらの 3 つの領域が FD センターの業務に含まれる重要な要素であると確認している。同時に、ファカルティー・ディベロッパーたちは、教育や学習／教育的課題を、FD センターの業務の最も重要なものであり続けていると回答している。

6．特徴的なサービスとその事例

全ての調査参加者に対し、どの程度 FD プログラムが教育的、専門的、組織的な 39 項目に関するものを提供しているかどうかを質問した後、今回の調査ではディレクターがセンターやプログラムの特徴であると考えている 3 項目について尋ねている。表4.2 はこの調査結果を示すもので、特徴的なサービスとして、あらゆる大学類型の回答者の 15% 以上が様々な項目を挙げている（詳細は表 B を参照）。

全ての大学類型のディレクターにとって、特徴的であると評価されたサービスは、極めてよく行われているサービスとしてここに評価された結果とほぼ同様であった。少なくとも回答したディレクターの 20% が重要なサー

表4.2　大学類型別FD組織責任者の選ぶ上位3つのサービスの割合

カテゴリー	サービス	全体	研究／博士大学	総合大学	リベラルアーツ・カレッジ	コミュニティー・カレッジ	カナダの大学
教員の職務とキャリア開発	新規採用教員に対するオリエンテーション	36%	32%	36%	33%	43%	50%
教育・学習	アクティブラーニング	34%	44%	17%	20%	43%	33%
教育・学習	伝統的授業方法に対するテクノロジーの導入	28%	35%	22%	20%	21%	25%
教育・授業方法の向上	科目／カリキュラム改革	21%	22%	22%	27%	7%	8%
教育・学習	教授学習の学識（SoTL）	18%	22%	14%	0%	7%	42%
教育・授業方法の向上	学習成果の評価	17%	23%	11%	13%	21%	0%
教育・学習	オンライン学習	16%	15%	22%	20%	14%	8%
教員の職務とキャリア開発	TA	10%	6%	19%	13%	0%	17%
教育・学習	ブレンド型学習（教室とオンラインの組合せ）	8%	1%	25%	13%	0%	0%
教員の職務とキャリア開発	メンタリング	8%	7%	3%	7%	21%	17%
教育・学習	成人学生向け教育	7%	7%	0%	7%	14%	17%

回答数 = 155; 無回答 = 38。

ビスと評価した項目は、新任教員対象オリエンテーション（36%）、アクティブラーニングへの支援（34%）、伝統的授業方法に対するテクノロジーの導入（28%）、科目／カリキュラム改革（21%）であった。学習成果の評価は最も多く提供されたサービスの中に含まれていたが、ディレクターの17%しか特徴的なサービスとして認識していなかった。総合的に、ディレクターが最も提供しているプログラムと考えている項目は、最も高品質で重要なプログラムであり、言い換えれば、それが特徴的なプログラムとなっている。様々な種類のFDセンターや大学類型のディレクターやファカルティー・ディベロッパーたちに対する電話調査からは、個々の優れたプログラムに関する多くの情報が得られた。これらの取り組みは、始まったばかりのものもあれば、20年以上経過しているものもあり、全体としては5年以上経過しているものが主であった。回答者のうち数人は、これらのプログラムについて論文執筆や学会発表も行っていた。私たちは、これらのいくつかについて特徴的なサービスの良い事例を以下に挙げている。

（1）新任教員研修

　イリノイ州レイクカウンティー・カレッジの職能開発センターは、2002年以来、各学期の前に新任非常勤教員研修を提供している。この1日プログラムは、学期の開始に向けて教員がキャンパスに戻ってくるオリエンテーション時期の前の土曜日に設定されている。朝のセッションでは、リソース領域（IT、学習支援センター、障がいを持つ学生支援オフィス等）の職員によって、コミュニティー・カレッジの紹介や、人事に関する重要情報、キャンパスツアーに関するプレゼンテーション等から構成されている。午後のセッションは、教室での講義に焦点が当てられ、参加者は、ディスカッショントピックを選んだ後、複数のディスカッショングループに分かれて議論し、そしてトピックをローテーションしていくことによって互いに学ぶ機会を最大化するものである。

　ニューヨーク工科大学の教育学習センターは、新規採用及びテニュア・トラックにいる教員対象の複数のワークショップを実施し、1日開催の新任教

員研修と、参加者が大学内の重要な人々に会えるランチの機会を用意している。また、テニュアや昇進に対する教学担当副学長や学部長の期待、自分と近い立場の同僚や学科長による契約更新の準備、テニュア獲得や昇進のための文書作成、テニュア・トラックの戦略的キャリアプランの作成といったセッションも含まれている。

　セントルイス・コミュニティー・カレッジの職能開発プログラムは、秋学期開始前に 5 日間の有料のオリエンテーション、秋学期に 1 週間で開催されるミーティング、春の 4 日間の授業方法に関する講座という 3 方面のプログラムを新任の常勤教員に対して行っている。

(2) テクノロジーの導入とアクティブラーニング

　サウス・ダコタ大学教育学習センターのフェローシッププログラムは、アクティブラーニングの支援においてテクノロジーを効果的に活用するものとして、教員のサポートに対する大学全体の関心を引く良い事例である。このセンターでは、授業デザイン、チームベースの学習、教育関連テクノロジー、学習者中心の教育における優れた実践活動を促進するフェローシップの設計及び再設計をする 2 週間の集中形式のコースを提供している。これらのフェローシップは、教員の対面、ブレンド型学習、オンライン科目の設計を支援するものである。このプログラムは、サイクルごとに 16 人の参加者のうち 12 人を受け入れるもので、全ての教員と大学院生のアシスタントも含めた教育スタッフもこの競争的な制度への参加資格を有している。コースデザインフェローは、報奨金、4 冊の教育学分野の図書、FD センタースタッフの 1 対 1 の技術的支援を、はじめて当該科目を教える学期の間に受けることができる。このセミナーのリーダーたちは、計画された科目の目標に準じたアクティブラーニング経験を埋め込むことを教員たちに推奨し、フェローシップ全体の経験がアクティブラーニングのモデルの構築に寄与している。

(3) 科目の改善

　ペンシルバニア州立大学システム高等教育開発助成プログラムでは、科目、

プログラム、学部全体、あるいは学際的改革に焦点を当てている。より多くの教員が関わることによって、より多くの資金配分がなされる仕組みになっている。州立大学システムの 24 キャンパスがこの助成金に応募できる資格を有し、教員が関わるための事前面談も含まれている。この他のディレクターも、科目の再設計を目的とした様々な事例を紹介しており、詳細については第 5 章の特徴的なアプローチの節に示されている。

(4) 大学類型による差異

　特徴的なサービスの上位 4 項目が、少なくとも 20% 以上の各大学類型のディレクターによってそれぞれ選ばれたが、そこには少ないながらも例外がある（表 4.2）。総合大学では、アクティブラーニングは特徴的なサービスとしての基準値に達しておらず、コミュニティー・カレッジでは科目／カリキュラム改革に関するサービスが同様の状況にあった。総合的に見ると、各大学類型のディレクターの回答から、5-6 項目の特徴的なサービスが基準値となる 20% に到達していることが明らかになった。実際に、各大学類型のディレクターたちは、2 つの主要な特徴的なサービスを有している傾向にあり、その内容には大学類型による差がみられた。研究／博士大学では、ディレクターたちはアクティブラーニングを最も重視しており（44%）、続いて伝統的な授業方法に対するテクノロジーの導入（35%）となっていた。総合大学では、新任教員対象 FD が 36%、ブレンド型学習へのアプローチが 25% となっており、これらが特徴的なサービスとして認識されていた。リベラルアーツ・カレッジの場合、新任教員対象 FD が 33%、科目／カリキュラム改革が 27% として特徴的なサービスと位置づけられていた。コミュニティー・カレッジでは新任教員対象 FD とアクティブラーニングがともに 43% となっており、カナダの大学は新任教員対象 FD（50%）と SoTL（42%）を特徴的なプログラムとして捉えていた。

　他にも興味深い差異がデータに示されている。科目／カリキュラム改革は、リベラルアーツ・カレッジのディレクターからは最もよく提供される特徴的なサービスとして回答されているが（27%）、コミュニティー・カレッジにお

いてはわずか 7% となっていた。研究／博士大学では、SoTL は特徴的なサービスとして見られ (22%)、これは他の大学類型と比べても高いが、ただしカナダの大学は 42% とさらに高い値になっている。対照的に、学習成果の評価は、研究／博士大学のディレクターにとっては最も重要な特徴的サービスとされ (23%)、コミュニティー・カレッジも同等であり (21%)、他の大学類型と比べても高くなっている。コミュニティー・カレッジのディレクターはまた、特徴的なサービスとしてマイノリティー教員に対するメンタリングプログラムを挙げているが (21%)、他の大学類型ではあまり実施されていなかった。

　総合大学とリベラルアーツ・カレッジのディレクターは、特徴的なサービスとしてオンライン教育に関するサービスを多く挙げており (それぞれ 22% と 20%)、これは他の大学類型と比べ高くなっている。また、ブレンド型学習に関するサービスも総合大学のディレクターの 25% が特徴的なサービスであるとしているが、他の大学類型ではさほどこの項目について言及されていなかった。対照的に、総合大学のディレクターたちは、アクティブラーニングを特徴的なサービスとして認識していなかった (17%)。

　私たちはまたカナダの大学がある特徴的な回答をしていることに着目した。新任教員対象 FD に関するサービスは、全ての大学類型において特徴的なサービスとされているが、カナダのファカルティー・ディベロッパーたちの 50% がそのように認識している。さらに、先に示したように、カナダの大学のディレクターの 42% が SoTL を特徴的なサービスとして捉えている。大学類型による特徴的なサービスに見られるこれらの違いは、教員のニーズと大学の対応は全ての大学において一様ではないことを思い起こさせるものである。インタビュー調査から、教員と学生の動態、大学の歴史、戦略的な優先順位付けといった大学の文脈が、教員のニーズを支えるリソースの配分に関するファカルティー・ディベロッパーたちの意思決定を形作っていることを明らかにした。ファカルティー・ディベロッパーたちの回答には、教員のニーズ、ニーズの評価、長年の経験が、自らが特徴的なサービスを開発する際に影響するというものが多かった。

---

7. ディレクターたちが拡大を希望するサービス

　大学とその教員が直面する課題である、教育と学習、教員の職務とキャリア開発、教育と大学の改善に関する 39 項目からなるリストから、ディレクターに対して追加の機会や資金配分があれば拡大して提供したいサービスについて尋ねた (質問番号 35、36、37；附録 A)。各大学が現在行う特徴的なサービスにおいて、大学類型の違いによってそのサービスの優先順位も異なるであろうと考えて分析を行った。研究／博士大学、総合大学、リベラルアーツ・カレッジ、コミュニティー・カレッジ、そしてカナダの大学の間で様々な選択の違いがあることが明らかになったことから、このアプローチは極めて興味深く、かつ有効な手法であると認められる。**表4.3** はこの分析結果を示しており、拡大を希望する 3 つのサービスのうち、1 つの大学類型によって少なくとも 15% 以上選ばれた項目に注目している。

　拡大を希望するサービスとして、全ての大学類型のディレクターによって最もよく言及されたものは、中堅／シニア層教員の FD と授業方法のピアレビューであった。それぞれの大学類型のディレクターによって優先度の高いサービスとして選ばれた項目としては、SoTL が最も拡大を希望するサービスであり、マイノリティー教員に対するメンタリングプログラムやリーダーシップやマネジメントを強化する学部のプログラム、多文化と多様性に関する教育が挙げられていた。以下では、様々な大学類型によるこれらの拡大を希望するサービスと現在提供する特徴的なサービスについて論じる。

(1) SoTL (Scholarship of Teaching and Learning)

　SoTL は、研究／博士大学、総合大学、リベラルアーツ・カレッジにおいて拡大の必要性があるサービスであるとみられており、いずれも他のサービスと比べ高い割合で評価されている (表 4.3)。特にリベラルアーツ・カレッジでは、拡大すべき優先事項として捉えており、回答したディレクターの 43% がその重要性を示している。リベラルアーツ・カレッジは、すでにある

表4.3　大学類型別FDディレクターが拡大したいと考える上位3つの割合

カテゴリー	サービス	全体	研究/博士大学	総合大学	リベラルアーツ・カレッジ	コミュニティー・カレッジ	カナダの大学
教育・学習	教授学習の学識(SoTL)	23%	22%	30%	43%	7%	10%
教員の職務とキャリア開発	中堅/シニア教員FD	21%	24%	18%	21%	23%	20%
教員の職務とキャリア開発	メンタリング	17%	19%	15%	0%	31%	20%
教育・授業方法の向上	学部・学科のリーダーシップとマネジメント	17%	24%	9%	7%	31%	0%
教育・学習	教育のピアレビュー	16%	18%	15%	21%	15%	20%
教育・学習	人種や多文化に関する教育	15%	9%	21%	14%	23%	10%
教員の職務とキャリア開発	非常勤教員対象FD	12%	10%	21%	7%	0%	30%
教員の職務とキャリア開発	教員のためのリーダーシップ開発	12%	15%	8%	7%	8%	20%
教育・授業方法の向上	学習成果の評価	12%	13%	12%	14%	8%	20%
教員の職務とキャリア開発	論文執筆	10%	10%	6%	14%	8%	20%
教育・授業方法の向上	科目/カリキュラム改革	9%	4%	15%	21%	8%	10%
教育・学習	ブレンド型学習(教室とオンラインの組合せ)	7%	6%	3%	0%	8%	20%
教育・授業方法の向上	共通教育の改善	7%	3%	6%	21%	8%	10%
教育・学習	ティーチングポートフォリオの作成	5%	3%	0%	0%	8%	30%

回答数＝147; 無回答＝46。

程度のレベル（平均値 2.77　表 4.1）において SoTL に関するサービスを提供し
ているが、これらの個々の回答者は特徴的なプログラムではないと指摘して
いる。調査に対する回答の度合いが国全体のような大規模な議論によるのか、
それとも各ディレクターの個人的な狭い関心事によるものかを判断するため
に、リベラルアーツ・カレッジや小規模な大学の連合体における SoTL に関
するどのような議論が行われたかを調べることは興味深い活動である。研究
／博士大学は、現在ある程度の割合において SoTL に関するサポートを提供
し（平均値は 2.77；表 4.1）、同時にそれらの大学のディレクターたちは、さら
なる拡大が必要なサポートであると考えている。また総合大学では、回答者
の 30% が SoTL の拡大が必要であるとみている。

　調査結果から、SoTL は現在一定程度の関心が払われているものの、特徴
的なプログラムとして認識されるには至っていない。SoTL に対するサポー
トは、コミュニティー・カレッジでは見られず、そこのディレクターたちも
拡大を必要としていない（拡大の必要性があると回答したディレクターは、わずか
7% しかいない）。カナダの大学でもまた、SoTL は拡大が必要な項目にはさほ
どあがっていないが（10%）、それはおそらくカナダではすでに多くの大学が
高い頻度で SoTL へのサポートを提供しているためである。実際に、カナダ
の大学では、SoTL は現行のサービスにおいてすでに焦点が当てられ（平均値
は 3.04；表 4.1）、ディレクターの 42% が SoTL を特徴的なプログラムであると
している。明らかに、SoTL に対する深い関与への関心が国内的にも国際的
にもある。以下に、SoTL のサポートにおける特徴的なプログラムを持つセン
ターの事例を示す。

　インディアナ大学教育学習革新センターの SoTL プログラムは現在 13 年
目を迎えている。このプログラムの最も重要な目的のうちの一つは、エビデ
ンスに基づく教育活動に取り組む講師に対し、正しい評価と報奨を同時に与
えることによって、全ての学生の重要かつ持続的な学習を促進することであ
る。毎年開催される探求コミュニティーは 8-10 名程度のフェローから構成
され、専門分野を超えた教員同士の協働、フェローの仕事を現行の研究成
果の中に位置付け、学生の学習のエビデンスを 1 ヶ月ごとにシステム的に分

析する会合を行っている。フェローシップの年度の後、フェローは地元、国内、国際的な場を通じて研究成果を広めることによって、教授学習に関する知識の本質部分へと貢献する。これまでこのプログラムは、学生のエンゲージメント、在学継続、達成を促進するための学習分析を用いる教員主体の研究プロジェクトを実施している学生の学習分析フェロー達に助成金を提供している。各 SoTL プロジェクトは、研究資金から 2 千ドルを受けている。このプログラムはまた、キャンパス全体に係る毎年 10 程度のイベントを運営し、伝統的あるいはバーチャルの教室において研究を進めるために、様々な学内リソース（例えば、評価室、研究、教務部門にあるリソース）を SoTL 研究者たちに提供している。このプログラムのウェブサイトは、1999 年からブルーミントン（Bloomington）キャンパスにおいて実施されている SoTL 関連業務の選定されたリストを公開している。

　ストーンヒルカレッジ教育学習センターは 2010 年から、SoTL のための年一回、複数日、あるいは夜通しの論文作成集中セミナーの機会を提供している。さらに、SoTL の方法やプロジェクトのデザインに関するワークショップに加え、参加教員同士で互いの職務を情報共有する機会や、自由にライティングをする時間を提供する集中セミナーもある。教員の開発する新しい SoTL プロジェクトとそれらの SoTL に関する発見に関する成果物は適用していくことが推奨されている。この集中セミナーは、大学外の研修合宿センターで毎年開催され、食事や宿泊も提供されるものである。

(2) 中堅／シニア教員対象 FD

　全ての大学類型のファカルティー・ディベロッパーたちによって、その必要性が拡がっていると一様に示された唯一のサービスは、中堅／シニア教員対象の FD である (21%、表 4.3)。これは、教員のキャリアのあらゆる段階にわたり、その活性化に取り組む必要性を強く示唆している。ある大学では 3 人に 1 人の教授が 60 歳以上であることが指摘されている (Baldwin & Zeig, 2013)。シニア教員の増加は、大学はどのように中堅／シニアの教員をサポートしていくかという質問を浮かび上がらせる。多くの FD センターはキャリア早期

の教員に対する様々な支援を行ってきたが、多くは必ずしも中堅／シニア教員へ関心を払ってこなかった。しかしながら、こうした事例が存在しないわけでもない。

　ウェイクフォレスト大学 (Wake Forest University) の教育学習センターは、毎年、経験ある教員のためのグレイリン (Graylyn) 教育刷新研修合宿というプログラムを行っている。この集中セミナーの目的は、中堅／シニア教員に対し、教員のキャリアをはじめた当初の情熱を呼び起こすため、教育的あるいは個人的な新たな目標を探す機会をつくるというものである。この 3 日間のプログラムは初夏に行われ、ノースカロライナ州内外の様々な大学から異なる専門分野の教員が 20-25 名程度参加する。FD センターのディレクターは、他のセンターのディレクターたちとともにワークショップを行い、ワーキンググループを円滑に進める。各大学が自大学の教員の参加費を支払うことによって、このプログラムは持続的に行われるようになっている。

(3) マイノリティー教員に対するメンタリングプログラム

　マイノリティー教員に対するメンタリングプログラムは、ディレクターの17% によって、拡大が必要なサービスとして認識されている (表 4.3)。しかしながら、興味関心の度合いは、大学の類型によってかなりの差が生じている。単科のリベラルアーツ・カレッジのディレクターはこれを選択していないが、他の大学類型では 15-31% が、拡大が必要な主要サービスとして選択している。特にコミュニティー・カレッジは 31% と最も高く、その背景には、成人学生、異なる人種や民族的背景を持つ学生、大学進学への準備状況が著しく異なる学生等から構成される多様な学生層に対応するため、教員の多様性も維持向上させていく必要があると思われる。メンタリングプログラムの構築は、非常勤教員を多く持つコミュニティー・カレッジにとって特に困難であると推測できるだろう。いわゆる伝統的な 1 対 1 の方式に加え、グループあるいはネットワークを通じたメンタリングプログラムの提供を含む幅広いアプローチが全米的に見られるようになっている。以下はこうした革新的なアプローチの事例である。

　マサチューセッツ大学アマースト校の教育・FD センターは、相互メンタリングと呼ばれるプログラムを提供しており、これは新任教員、若手教員、マイノリティー教員に対する大学全体の取り組みである。相互メンタリングの取り組みの重要な点は、一人のメンターでは多様な教員が直面する様々な困難に対応することが難しいため、ネットワークを基盤に幅広い専門領域からサポートを可能にする複数のメンターとともに教員の活動をメンタリングできるモデルである。このモデルは、キャリア早期の段階の教員が、初心者対象、教育と研究の卓越性、キャリアの発展、ワーク・ライフ・バランスの管理といった現在抱えるセンシティブな問題も含めサポートできるメンタリングパートナーのネットワークを構築するために、そのチームと少額の助成金によって運用されている。7 年間にわたるこのプログラムの評価では、女性と有色人種の教員の参加が極めて多くなっているが、それはネットワークベースのメンタリングモデルが、それらの人々によって求められた非階層的で、人間関係があり、相互的なメンタリングシステムを提供していたことによる。さらに、この取り組みに参加した教員たちは、参加をしていない教員と比べ、相互に有益なメンタリングパートナーシップを発展させるとともに、メンタリングをキャリアの向上のために必要な活動の一つとして見ていることが明らかになった (Jung, Baldi, &C Sorcinelli, 2016)。将来的に、このプログラムは、常勤講師やテニュア取得後の教員をはじめ、あらゆる段階のキャリアに対応する必要性を認め、より幅広い人々に対するメンタリングへと拡大する。

(4) 学部のリーダーシップとマネジメント

　学部のリーダーシップとマネジメントをサポートするプログラムは、ディレクターの 17％がその拡大の必要性を示したが、その中でも研究／博士大学 (24%) とコミュニティー・カレッジ (31%、表 4.3) は特に顕著であった。歴史的にはリーダーシップとマネジメントは FD センターの業務範囲内ではなかったが、多くの大学において、良きリーダーシップに対するニーズが高まり、特に学部レベルのリーダーシップに関する関心が強くなっている。学部長や学科長たちは、学習や教育を向上させるために、組織改革の最前線に立っ

ている。それらの多くの人々はリーダーシップを発揮する地位にあるが、あくまで学問領域の専門家であり、組織的なマネジメントやリーダーシップに対する用意ができているわけではない。高等教育機関に影響を与える様々な課題が増加するにつれ、大学の指導者たちは様々な支援や教育機会を必要としている。私たちは、より多くの大学が、FDセンターの業務においてリーダーシップに対する準備を取り入れるようになるか、あるいは複数の部署に分離することによって責任を分担する方法へと進むと予測している。以下はこの領域に関するプログラムの事例である。

　ミシガン州立大学は長年FD組織開発室の業務としてリーダーシップ開発を取り入れている。提供される機会は、あらゆるレベルの大学のリーダーに対するセミナーやワークショップを含む広範囲なものである。例えば月に1度、学部長、学科長、部門のディレクターといった全ての大学のリーダーたちに対し、リーダーシップの技術や大学のリーダーにとって必要な課題に焦点を当てた3時間のワークショップを含む、リーダーシップ・管理職セミナーシリーズというプログラムを提供している。このワークショップは、学内のリーダー間のつながりと、隠れた同僚性によるネットワークを構築するための手段として機能し、リーダーシップの役割を担う各人が、誰にアドバイスやサポートを求めるべきかを知る機会となっている。リーダーシップ開発の取り組みには、数か月かけて行うコホート・プログラム（大学間連携審議会の枠組みにおける他大学との連携によるアカデミック・リーダーシップ・プログラムも含む）もある。その他の活動には、リーダーシップ学習コミュニティーや個人のコンサルタントがある。

(5) 授業方法のピアレビュー

　授業方法のピアレビューは、全ての大学類型において拡大が必要な項目として挙げられていた項目であった（16%、表4.3）。しかしながら、調査回答者のディレクターたちによって、この項目はFDセンターが現在提供するサービスとして特徴的なものとしては選ばれておらず、この項目はFDセンターにとって新たな方向性を示すものと言える。以下に特徴的なプログラムとし

てピアレビューの活動を採用している数少ない大学の事例を示す。

　西ミシガン大学の FD 室 (OFD) は、教員に対し部外秘の形で同僚による観察とそのフィードバックを提供している。観察を行う同僚は、優れた授業方法を実践していると認められた幅広い専門分野の教員から選ばれている。それらの人々は、最初の相談、クラスの学生との意見交換、そしてその後のフィードバックと助言を含む同僚による観察のための発展的アプローチが採用され、またそのトレーニングを受けている。教員は、フィードバックを受けたい特定の要素を選択することが可能であり、訓練を受けた観察を行う教員を、センターのウェブサイトから選ぶこともできる。FD センターは、初対面となる機会を用意し、学生調査の編集作業を支援する。ただし、観察を行うペアはそのプロセスの詳細に至るまで協力するが、フィードバックと助言については、必要とする教員からの希望があった場合にのみ提供される。

(6) 教育に関する多文化主義と多様性

　教育に関する多文化主義と多様性は、回答者のディレクターたちの 15% は拡大が必要であるサービスと認識している (表 4.3)。総合大学においては 21%、コミュニティー・カレッジでは 23% がその拡大の必要性を示している。この国とより広い国際社会が直面する課題を解決するために、あらゆる層の人々の才能を必要としているという認識が高まっている。教育や学習過程において、多文化主義や多様性を支援するプログラムへの関心が高まることは、ディレクターが優先順位を決める権利を持っているので、今後もこの傾向は続く可能性がある。この領域のサービスは特徴的なプログラムの上位には含まれていなかったが、多くの大学は多様な学生層の学習ニーズへの関心を高めるように努力を続けている。以下にその良い事例を示す。

　デュケイン (Duquesne) 大学の教育優秀性センター (CTE) では、社会的に公正な環境で学生を教育し、大学内外の文化交流学習機会を提供することに取り組んでいる。CTE は、ワークショップ、パネルディスカッション、オンライン文献、大学図書館のリソースを用い、多様性と教育学の共通点を説明することによって、教育のリソースとプログラム全体にこの焦点を絞り

込んでいる。例えば、最近の CTE のイベントでは、数名の教員によって示された「白人多数大学における人種と教育学の研究」というタイトルのワークショップが行われ、ディスカッションのタイトルは「恵まれない学生に対する学習成果を改善するための強いインパクトを与える実践」とされ、教員と CTE のディレクターがそのファシリテーターを務めている。CTE はまた、大学教育における多様性を促進する簡単なヒントのようなものを公開し、さらに人種や民族をはじめ、性やジェンダー、宗教的多様性、社会階層、環境問題や女性問題に関する多様性と、高等教育におけるそれらのオンライン情報資源へのリンクを提供している。

(7) 大学類型による差異

　拡大を求める領域に関するこれまでの説明から述べた通り、ディレクターたちが追加の機会や資金がある場合、これらのサービスをどの程度業務として組み込みたいのかについての回答には、大学類型による差がみられた。拡大が必要と見なされた上位 3 つの領域の 1 つとして、回答者のディレクターの 15% からその必要性を示されたとき、注目に値する合意形成がなされたと考えられる。表 4.3 に示した通り、研究／博士大学は、FD センターの活動において拡大を希望するサービスとしてリーダーシップを挙げており、特に学部のリーダーシップは 24%、教員のためのリーダーシップ開発は 15% となっていた。総合大学は、拡大を求める項目として非常勤教員対象のオリエンテーションと支援 (21%) と、科目／カリキュラム改革 (15%) を挙げていた。リベラルアーツ・カレッジのディレクターは、科目／カリキュラム改革 (21%) と一般教育改革 (21%) を通じ、一貫性のある学士課程教育の構築に焦点を当てている。コミュニティー・カレッジでは学部のリーダーシップとマネジメント (31%) というように、研究／博士大学の回答 (24%) と同様の傾向がみられた。パーセンテージの違いはある程度みられるが、双方の大学類型において代表的な拡大を希望する領域がみられた。先に示した通り、コミュニティー・カレッジのディレクターは他の大学類型と比べ、教育と学習に関する多文化主義と多様性や、少数グループの学生に対するメンタリングプロ

グラムにより関心を持っている。カナダの大学は非常勤教員に対するオリエンテーションとサポート (30%) と、科目と教育に関するポートフォリオの作成 (30%) について、可能であれば拡大を望むサービスとし、同様に、少なくともディレクターの 15% が基準値に到達していた項目は、教員のためのリーダーシップ開発、授業方法のピアレビュー、学習成果の評価、論文執筆、ブレンド型学習のアプローチであった。

　全ての大学類型にわたる変化は考慮に値するものであったが、拡大を求めるサービスとして、中堅教員対象 FD と授業方法のピアレビューについては回答者らの合意があったと言える。さらに、SoTL、マイノリティー教員に対するメンタリングプログラム、学部のリーダーシップとマネジメント、多文化と多様性に関する教育についても、拡大を必要とする領域としてその重要性と関心の高さが全体的に見られた。高等教育ウォッチャーたちは、これらの選択に様々な全米的な議論が反映しているとみることができる。FD のディレクターたちは、自大学からの圧力や優先事項と同様に、高等教育を取り巻く現在の大勢の意見に明らかに取り込まれている。

　POD ネットワークのミッション・ステートメントは、「FD 組織は高等教育における教育と学習の向上に捧げられる」と改められたが、注目すべきことは、FD のディレクターが教育や学習サービスの分野で行ってきたことと同じように、教員の仕事やキャリア開発サービスの分野でもその領域が拡大していることである。教育と大学の改善に関する項目は、拡大を必要とする項目として明確には示されていないが、学部のリーダーシップとマネジメントについては例外的にその重要性が指摘された。全体的に見てこれらの調査結果は、FD センターのディレクターがそれぞれの組織の個々のミッションやニーズ、そしてスタッフの関心と専門知識に応じて、常にその実践活動やプログラムを変えていく必要があることを示唆している。これは、教育や授業方法の開発が FD において最も重要な要素であるとともに、教員の職務、キャリア開発、教育的改善について FD センターの業務から完全に手離すことは誤った考え方であることを示している。これらはファカルティー・ディベロッパーたちにとって実際に差し迫ったものと考える問題であり、FD の

86

分野の中で真剣に検討する必要がある。

　たとえ FD センターが業務の拡大のための機会と予算を与えられたとしても、ファカルティー・ディベロッパーたちが拡大を優先事項として挙げなかったサービスもまた同様に興味深い点である。ディレクターたちは、拡大が必要なものとして現在最もよく提供されているサービスや、特徴的なサービスのいずれも挙げなかった。開発または拡大が最も重要であると述べられたサービスは、現在行われていないものである。

8. 結　論

　過去 10 年間にかけて提供された FD サービスが持つ表面上の一貫性は、新任教員の能力開発、テクノロジー、評価、教育と学習におけるエビデンスベースの取り組みに対する継続的かつ高まる関心への対応などが不朽の優先事項であることを示している。しかし、これらの優先順位を一つずつ見ていくと、個々のミッション、教員のプロファイル、学生集団の大学類型による違いにより生み出される多様性によって分かりづらくなるであろう。ファカルティー・ディベロッパーたちは、教育と学習、教員の職務とキャリア開発を重点的に取り組む課題としつつ、これら 2 つの領域のそれぞれが持つ極めて多彩な項目から、拡大を望むサービスを選ぶ明確なビジョンを持つ必要がある。

本章のハイライト

- 10 年前の調査結果と比較をすると、FD プログラムがサービスを提供しようとする中心的な課題は依然として一貫したものになっている。様々な大学類型のプログラムの提供において、優先される事項については相対的に大きな差が見られなかった。
- FD センターによって現在よく行われているサービスは、新任教員対象 FD、伝統的教育学習環境に対するテクノロジーの導入、アクティブラー

ニング、学習成果の評価、科目／カリキュラム改革であった。

- 全ての大学類型のディレクターが特徴的なサービスとして挙げた項目の
ほとんどは、彼らが個人的に最も拡大したいと考えているサービスと同
じものであった。

- 全ての大学類型のディレクターが最も拡大を希望するサービスは、中堅
／シニア教員対象FDであった。また、授業方法のピアレビューについ
ても高い関心を示していた。研究／博士大学、総合大学、リベラルアー
ツ・カレッジは、いずれもSoTLを他のサービスよりも拡大したい意向
を強く示していた。

- ディレクターたちによって拡大を希望するサービスとして示されたその
他の項目にはマイノリティー教員に対するメンタリングプログラムが
あり、特にコミュニティー・カレッジとカナダの大学では顕著に見られ
た。学部のリーダーシップとマネジメントに関するプログラムを加える
ことは、研究／博士大学とコミュニティー・カレッジにおいて特に重視
されていた。コミュニティー・カレッジと総合大学のディレクターたち
は、教育に関する多文化主義と多様性のサービスの拡大にも関心を持っ
ていた。

第5章　ファカルティ・ディベロップメントの方法

　第4章では、ファカルティー・ディベロッパーたちが、彼らの教育センターで提供する上で最も重要だと思っているサービスを特定した。つまり、教育と学習、教員の職務及びキャリア開発、そして、公式のプログラムとして扱われる教育改善や組織改革に関する分野のトピックである。ファカルティー・ディベロッパーが過去10年に最も提供した主要なサービスは、ほぼ変わっていないことが調査結果に概ね示されている。今回の調査の目的は、ファカルティー・ディベロッパーたちの大学でのサービスの提供方法をより深く調査することである。つまり、ワークショップ、コンサルテーション、研修、授業、学習コミュニティー、そして、FDに関するトピックを扱うために開発したその他の方法に関する調査である。

　こういった方法を詳しく調査するために、サービスについて尋ねた質問（第4章で議論されたもの）と並行して質問群を作成した。まず初めに、過去のFD関連の研究文献で特定された15の方法（Chism, Holly & Harris, 2012; Gillespie & Robertson, 2010; Hines, 2009）のそれぞれに対して、自分のセンターでの現在の使用度を全ての回答者に質問した。4段階の回答方式（1：全く使用しない　2：少し使用　3：中程度で使用　4：かなり使用）で、サービスとして使う方法の頻度を回答するよう、ファカルティー・ディベロッパーたちに求めた。そしてディレクターに対して、自分のセンターの特徴が良く現れていると考えられる方法を3つまで挙げるよう求めた。最後に、もし資源や機会があればレパートリーに加える、もしくは拡張したい方法を選ぶようディレクターに求めた。この章では、これらの質問から得られた結果を示すと共に、FDの異なった

方法や FD の実践の相対的な影響について議論する。

1．現在使用しているサービスの提供方法

　表5.1 では、FD サービスを提供するために使用される様々な方法に関するファカルティー・ディベロッパーの使用度が示されている。全体的にすべての大学類型において、FD を実施するためにファカルティー・ディベロッパーが使用する 3 つの主要な方法を特定した。それは、実践的ワークショップ（1-4 点の尺度で、平均 3.4 点）、個別コンサルテーション（3.25 点）、学術文献へのリンク集やネット上のコンテンツなどのウェブ上のリソース（3.09 点）である。この他、ファカルティー・ディベロッパーたちは、教育方法の問題に関する同僚との非公式なディスカッション（2.82 点）、学部／専門分野に特化したワークショップ（2.75 点）、セミナー（単発でないもの）（2.74 点）、専門家による授業観察とフィードバック（2.65 点）、教員の学習コミュニティー（1 学期間、1 年単位、または定期的ミーティング）（2.62 点）の 5 つの方法を、少しまたは中程度使用している。

　ファカルティー・ディベロッパーたちは、研修合宿（2-3 日間）（2.47 点）、事前資料による構造化されたディスカッション（2.46 点）、そして同僚による授業観察とフィードバック（2.25 点）などの方法はあまり使用しない。最後に、小グループによる授業診断（2.12 点）、ウェビナー（1-2 時間の同時ウェブセミナー）（2.08 点）、電子版ニューズレター（2.06 点）、非同期のオンラインプログラム（1.84 点）などの方法は、ほとんど使用していないことがわかった。ファカルティー・ディベロッパーたちは非常に一様な方法を使用しており、大学類型での意味のある違いはほとんどなかった。

　FD の実施方法の使用頻度に関するランキングを見てみると、このような結果になった理由を考えさせられる。1-3 時間の実践的ワークショップ、個別コンサルテーション及びウェブ上のリソースが頻繁に使用されたが、こういった方法は、ファカルティー・ディベロッパーたちや FD 対象者にとって様々な有益な面がある。これら全ては多忙な大学教員にとって効果的という

表5.1　現在使用しているサービスの提供方法

FD の提供方法	回答数	全体 平均 (標準偏差)	研究／博士大学 平均 (標準偏差)	総合大学 平均 (標準偏差)	リベラルアーツ・カレッジ 平均 (標準偏差)	コミュニティー・カレッジ 平均 (標準偏差)	カナダの大学 平均 (標準偏差)
実践的ワークショップ (1-3 時間)	310	3.40 (.81)	3.38 (.80)	3.40 (.82)	3.55 (.72)	3.59 (.57)	3.40 (.82)
個別コンサルテーション	311	3.25 (.93)	3.20 (.99)	3.34 (.80)	3.06 (.89)	3.67 (.62)	3.44 (.96)
ウェブ上のリソース(学術文献へのリンク集やインターネット・コンテンツ)	305	3.09 (.94)	3.09 (.94)	3.05 (.92)	3.24 (.91)	3.04 (.94)	3.12 (.93)
カフェやランチタイムにおける教育に関する同僚との非公式なディスカッション	307	2.82 (.94)	2.83 (.93)	2.69 (.88)	2.73 (.87)	3.19 (1.11)	2.84 (.99)
学部／専門分野に特化したワークショップ	307	2.75 (1.01)	2.71 (1.07)	2.81 (.96)	2.87 (1.01)	2.78 (.93)	2.84 (1.03)
セミナー（単発でないもの）	301	2.74 (1.06)	2.64 (1.09)	2.71 (1.10)	3.11 (.88)	2.96 (.98)	2.60 (1.16)
専門家による授業観察とフィードバック	299	2.65 (1.09)	2.62 (1.12)	2.76 (.99)	2.66 (.97)	2.58 (1.17)	2.52 (1.19)
教員の学習コミュニティー（1 学期間、1 年単位、または定期的ミーティング）	301	2.62 (1.18)	2.55 (1.15)	2.67 (1.25)	2.72 (1.28)	2.62 (1.20)	2.76 (1.13)
研修合宿 (2-3 日間)	297	2.47 (1.17)	2.53 (1.13)	2.40 (1.22)	2.69 (1.07)	2.24 (1.23)	2.32 (1.28)
事前資料による構造化されたディスカッション (例：ジャーナルクラブ)	299	2.46 (1.10)	2.49 (1.11)	2.34 (1.16)	2.37 (1.03)	2.65 (.94)	2.71 (1.12)
同僚による授業観察とフィードバック	295	2.25 (1.02)	2.27 (1.02)	2.18 (1.02)	2.11 (1.07)	2.33 (1.11)	2.32 (1.03)
小グループによる授業診断	280	2.12 (1.19)	2.10 (1.22)	2.06 (1.02)	2.33 (1.30)	2.08 (1.22)	2.24 (1.33)
ウェビナー（1-2 時間の同時ウェブセミナー）	296	2.08 (1.07)	2.14 (1.11)	1.98 (1.07)	2.07 (.98)	1.96 (1.02)	1.84 (1.11)
電子版ニューズレター	284	2.06 (1.16)	2.05 (1.14)	2.22 (1.18)	1.78 (1.12)	2.29 (1.30)	2.08 (1.28)
非同期のオンラインプログラム	290	1.84 (1.00)	1.94 (1.06)	1.73 (.91)	1.86 (.93)	1.68 (.90)	1.67 (.92)
その他	66	2.56 (1.25)	2.56 (1.27)	2.64 (1.15)	2.80 (1.64)	3.00 (1.00)	2.00 (1.41)

1 = 全く使用しない, 2 = 少し使う, 3 = 中頻度で使う, 4 = かなり使う。「全体」にはその他の類型の大学を含む。

92

ことである。ワークショップは実施記録が取れる方法であり、できるだけ多くの教員にサービスを提供したいファカルティー・ディベロッパーたちにとって役に立つ。ウェブ上のリソースはいつでもアクセス可能なので、教員は効率的に活用できる。しかしながら、ウェブ上のリソースは、作成するのが容易ではない。コンサルテーションは、一対一で対応するので、ファカルティー・ディベロッパーたちにとって効率的ではないが、秘密保持や対応する問題の性質から、ファカルティー・ディベロッパーたちと教員の両方にとって高く評価されている。良い面としては、こういった方法を通じて、教員は興味を掻き立てられ、新しい教育方法についてのアイデアが生まれ、より深い教育方法を考えるように促される。しかし、連続したワークショップやコンサルテーション、ホームページへのリンクの各々の単独使用では、例えば授業に新しい方法を取り入れようとする時など、教員が教育の一部を変えようとしている時の継続的なサポートができない（Chism, et.al, 2012; Henderson, Beach & Finkelstein, 2011; Nasmith & Stienert, 2001）。

　もう一つ興味深いことは、最も頻繁に使われた2つの方法は、テクノロジーを通じても実施できるが、バーチャルではなくて対面で実施するということである。実際に、アンケートで調査された15の方法のうちの11の方法においては、教員と対面しながら実施する。一方、ランキングで下位の3つの方法は、ウェビナー、電子ニューズレターや非同期のオンラインプログラムなどのテクノロジーによって教員と関わり合うものである。ますますテクノロジーを使用したアカデミックな環境で生き、仕事をしている中で、忙しい教員が簡単に利用できるウェブ上のリソースを提供する（平均3.09点で使用頻度は第3位）意義があることをおそらく認識しているにもかかわらず、ファカルティー・ディベロッパーたちは同僚やコンサルタントとの関係を促進する方法を好む傾向がある。

　また、現在は少ないもしくは中頻度でしか使用されていない方法、つまり、数日間のミーティング、フォローアップを伴う集中研修、連続で計画されているワークショップなどのシリーズでデザインされる教員の学習コミュニティーに、より大きな効果を見出す学術団体も増えている。この方法は、教

育方法に関する知識や行動を発展させ、学生の学習に関する教員の知識を高め、教員の授業方法における選択肢を長期的に変化させる環境を提供することになるであろう（Austin, 2011; Beach & Cox, 2004, 2009; Beach, Henderson & Finkelstein, 2012; Henderson et al., 2011; Ho, Watkins & Kelly, 2001; Martensson, Roxa, & Olsson, 2011; Trigwell, 2012）。

2．特徴的な方法

　表5.2 では、ディレクター自身の大学で使用されている特徴的な方法に対する回答結果がまとまっている。各回答者は、自分の大学での特徴的な方法を 3 つ答えるよう求められたので、表のパーセントは、回答者がトップで使用していると挙げた方法の割合を表している。

　FD ディレクターは、自身のセンターで実施しているサービスとして、様々な特徴的な方法を挙げた。しかしながら、1-3 時間の実践的ワークショップ（59％のディレクターがトップ 3 に選択）及び個別コンサルテーション（53％がトップ 3 に選択）の 2 つの方法が、最も多く挙げられ目立つ結果となった。そして、興味深い大学類型の違いが浮き彫りになった。研究／博士大学と総合大学では、ディレクターの 25％以上が選択したトップ 2 の方法（ワークショップと個別コンサルテーション）以外に特徴的な方法はなかった。リベラルアーツ・カレッジのディレクターは実践的ワークショップ（69％）と個別コンサルテーション（39％）以外に教員の学習コミュニティーを特徴的な方法として挙げた（54％）が、これは他の大学類型よりも遥かに多かった。リベラルアーツ・カレッジのディレクターは、非公式なディスカッションを特徴的な方法として挙げ（31％）、カナダの大学のディレクターもほぼ同じ（33％）であった。リベラルアーツ・カレッジでは、教員自身が組織してきた FD の歴史があり、学生の学習に与える教育の影響について容易に深く議論できるほど、お互いの教員を知っているので、おそらく学習コミュニティーや非公式なディスカッションが特に好まれる方法だったのであろう。

　実践的ワークショップと個別コンサルテーションがすべての大学類型で

表5.2　ディレクターによる特徴的な方法（大学類型別）

FD の方法	全体	研究／博士大学	総合大学	リベラルアーツ・カレッジ	コミュニティー・カレッジ	カナダの大学
実践的ワークショップ (1-3 時間)	59%	64%	59%	69%	46%	50%
個別コンサルテーション	53%	57%	56%	39%	31%	58%
教員の学習コミュニティー (1 学期間、1 年単位、または定期的ミーティング)	26%	22%	21%	54%	31%	17%
学部、専門分野に特化したワークショップ	20%	21%	21%	8%	23%	17%
カフェやランチタイムにおける教育に関する同僚との非公式なディスカッション	20%	19%	12%	31%	23%	33%
研修合宿 (2-3 日)	20%	18%	21%	23%	15%	25%
ウェブ上のリソース (学術文献へのリンク集やインターネット・コンテンツ)	16%	16%	21%	15%	15%	8%
セミナー（単発でないもの）	16%	9%	21%	15%	31%	25%
事前資料による構造化されたディスカッション (例：ジャーナルクラブ)	13%	15%	15%	8%	8%	8%
小グループによる授業診断	12%	13%	3%	8%	31%	8%

回答数 = 148; 無回答 = 45。「全体」にはその他の類型の大学を含む。

最も頻繁に挙げられた一方で、コミュニティー・カレッジのディレクターは、他の大学類型のディレクターに比べてワークショップをトップ3に挙げた頻度は少なかった（46%）。同様の割合（31%）で、教員の学習コミュニティー、セミナー及び小グループによる授業診断が特徴的な方法として挙げられた。個別コンサルテーションを特徴的な方法として挙げた割合は、研究／博士大学（57%）、総合大学（56%）及びカナダの大学（58%）よりも、リベラルアーツ・カレッジ及びコミュニティー・カレッジのディレクターの方が少なかった。（リベラルアーツ・カレッジ：39%、コミュニティー・カレッジ：31%）

　全体として、ウェブ上のリソースは、16%しか特徴的な方法として挙がらなかった。この結果は、表 5.1 で示されている、ウェブ上のリソースは提供されているサービスのトップに入るという調査結果に反している。おそらく

ファカルティー・ディベロッパーはそのようなオンライン上のリソースを持つことを期待されているが、特徴的な方法としてランクに入れるほど革新的だとか重要だとは認識していないのであろう。同様に重要なことは、事前資料による構造化されたディスカッション（2.46 点）と小グループによる授業診断（2.12 点）は、特徴的な方法としてほとんど挙がっておらず、大学でもほとんど提供されていなかった（表 5.1 を参照）。

　アンケート参加者へのフォローアップの電話インタビューを通じて、彼らの特徴的な方法の詳細を探ることができた。興味深いことに、最も頻繁に使用し最も多く特徴的な方法として挙げた 2 つの方法（短期の 1 回限りのワークショップ及び個別コンサルテーション）に関しては、ほとんどのディレクターが詳細を語らなかった。その代わりにインタビューでは、彼らはより独特と感じる方法について話した。以下は、その独特な方法について、ディレクターが特徴的な方法として挙げた順序（表 5.2 で示されている）で示している。

(1) 教員の学習コミュニティー（FLCs）

　FLCs*は、専門分野の異なる教員によって構成することが多く、教育学習研究もしくは教員自身の学習や開発を促進する活動を頻繁に実施するとともに、学生の学習効果を高め、測定する長期共同カリキュラムに取り組んでいる。このFLCsから派出した方法として、カリフォルニア州のコミュニティー・カレッジの 1 つであるシャボットカレッジの教育学習センターでは、教員探求グループ（FIGs）**を提供している。このグループは、FLCs のようなプロジェクトや知識群によって組織されているのではなく、教育や学習に関連した研究課題によって組織される。このプログラムは、教員探求ネットワークと呼ばれる州レベルの取り組みから生まれ、カリフォルニア州全体のコミュニティー・カレッジの教員が交流できる機会を提供している。FIGs は、学生の学習ニーズに合った解決法を探求するために、教員の知識と経験をまとめるのに必要な基盤を提供している。これを最初に始めたのは、IR 室（大学の組織データ調査・分析）と連携し、学生の退学や授業への不参加の理由を研究していた英語の教員であった。FIGs の通常の対象は教員であるが、職員

が参加するグループもいくつかある。例えばオンラインの退学防止グループ
には、教員にトレーニングやサポートを提供するインストラクショナル・デ
ザイナーもいる。この他、実際の探求課題には、健全な学生の思考特性とか、
学生の授業参加の強化などがある。多くの FIG では学部学生も共同研究者
とし、学生の声を取り入れている。学生たちは、FIG の議論への参加、学生
調査の作成や発表、そして、教員や職員へプレゼンテーションをするための
ビデオ作成など、様々な形で参加している。

   * FLCs: Faculty Learning Communities.
   ** FIGs: Faculty Inquiry Groups.

(2) 部局に特化したプログラム

　マーサー大学（メイコン、アトランタ・サバンナ、ジョージアの 3 キャンパス）
の教育学習センターは、部局に特化したサービスを提供することをセンター
の重要な役割としており、学部、学科、プログラムと直接的に活動してい
る。部局に特化したプロジェクトの例としては、教育効果の評価方法の開発
及びその実施、学部での相互授業観察の促進、学生からの授業評価データの
理解及び活用、特定の学問に関連した授業方法の研究の探索及び実施、そし
て、ティーチング及び授業デザインにおける有期雇用教員や非常勤教員への
支援といったような、学科やプログラムへのティーチング支援がある。学科
での学習支援プロジェクトには、授業、学科、もしくはプログラム内の学生
の学習評価、及び授業構成の見直しなどがある。また、センターは、学科や
学部へのカリキュラム支援も実施しており、例えば、主専攻・副専攻の再編
成、授業デザイン、授業課題及び教員個々の教育実践と部局の教育目標との
関連付け、そして、一定の傾向を見出すための経年的な成績分析などを行っ
ている。

(3) 同僚教員との非公式なディスカッション

　フィラデルフィア科学大学の教育学習センターは、「テーブルトーク」と
いう非公式なディスカッションを提供している。これは学内のすべての人に

開放されており、週に2回、決まった日時と場所で提供されている。教育と学習、高等教育の最新動向、大学が直面している大きな問題、一般教育に関するトピックに重点が置かれている。教育学習研究に関する発表の機会として利用する教員もいれば、学生課の職員が例えば、家庭教育の権利とプライバシーに関する法、学生の行動プロセスや大学の倫理規定に関する論点を提示し議論したりもする。できるだけ多くの学内の他部署と連携するため、ディレクターは発表の申し出を全て受け入れる方針を打ち出している。プログラム効果の公式な評価は無いが、教育学習センターの提供するテーブルトークとは関連していない、もしくは、教育学習センターとさえも関連していない行事であるにも関わらず、大学の非公式なディスカッション型の行事にテーブルトークという名前が使われている。学部長は、これらのトピックが発表されるのを見るだけでも、高等教育に関する最新の理念や動向に関する意識を高められると評価している。

(4) 研修及び研修合宿

　バーモント大学の専攻科目ライティングプログラムは、ライティングが重要である学部の専攻科目の授業を開発したり改善したりする教員を支援するため、ライティングの単元を含んだ4日間の専攻科目ライティング研修を実施している。この研修の目標は、学生への学習効果を高めるために、ライティングを学部の授業に取り入れることである。この研修は、すべての種類の授業に対応しており、教員たちは、4年次セミナー、大人数の授業や少人数の授業、1年次の授業などを想定して参加している。専攻科目の題材に取り組む学生を支援するための授業でのライティングの役割に興味があれば、誰でも参加できる。研修合宿として設計され、そのプログラムには、リーディング、双方向活動と合わさった短いプレゼンテーション（例えば、考えてペアで共有する機会、アイデアのギャラリーウォークなどのアクティブ・ラーニングの手法）、そして、参加者が自分の席で静かに自分の教材に取り組むための時間などが含まれている。参加者は、同僚と自分の取り組みを共有し、課題を作成し、自分の専門分野に適した評価を作成する。参加者は自分の授業で、そ

98

の専攻科目ライティングプログラムを実施するために、必要な教材、750 ドルの FD 資金と食事を受け取る。そして、次年度に、参加者は自分の取り組みを同僚と共有したりもする。

(5) ウェブ上のリソース

　オーバリン大学教育革新・卓越センターは、様々なオンライン上の教育実践のためのリソースを提供し、教育に関する問題をブログ形式で議論できる動的ウェブサイトを作成した。センターディレクターは、全ての教員のみならず大学外の個人の視聴者に対しても、週 1 回の記事を投稿している。その週刊記事の全般的な目標は、自分の教育に関する問題や、21 世紀の教育者として教員が直面する大きな挑戦に取り組むための支援をするため、オーバリン大学の教員の経験と授業実践に関する学術文献を結びつけることである。このリソースは作成されて 7 年目であり、紙のメールから始まり、トピックに対して事後に質問したりコメントを投稿できたりするブログ (http://languag-es.oberlin.edu/blogs/ctie/) へと進化し、教員同士またセンターとの現在進行形の対話が作られている。ブログでは、他の紙ベースや視覚的なリソースへのリンクを使用することができるが、著作権の有る素材の複写というよりは、オリジナルを書くことが求められている。ディレクターは、記事 1 つを準備するのに 8-10 時間費やしているが、トピックやレビューを大学特有の文化に合わせることができる。

(6) 連続／数回のセミナー

　カールトン・カレッジのパールマン教育学習センターは、週 1 回のランチセミナーを主催している。センターは、このプログラムを 20 数年提供しており、15 年ほど前に週 1 回のイベントとなった。この教員主体の柔軟なプログラムは、幅広い話題を提供しているので、様々な参加者がいる。各学期の始めに公募があり、教員はオンライン提案フォームを使用し、週 1 回のランチセミナーの話題 (読書グループの話題も同様) に関するアイデアを提出する。学期ごとに 8-9 回 (おおよそ年間で 25-26 回) 予定されるセミナーでは、

参加者は昼食を受け取り、簡潔なプレゼンテーションを聞いた後、会話を続ける。各回平均 41 名の参加者がおり、2014-2015 年度には合計 1,162 名が参加した。

(7) 文献講読に関する構造化されたディスカッション

　ウィスコンシン大学オシュコシュ校の教育学習・卓越センターでは、過去 6 年間、各学期にブッククラブを組織している。そのクラブでは、普段は 5-6 名の教員からなるグループに対して、ティーチング、学習及び教育に関連した問題を提起するような本を読む機会が提供されている。センターは、教育・学習に関する評価が高く、賞を取った本を紹介して、候補となる本から教員の多数決をとり、開催日時及び部屋を管理し、クラブの各メンバーのために本を購入する。それから、様々な分野の同僚からなるこの小さなグループは、話し合うために集まり、自分の成功事例や困難なことを共有し、新しい技能及び知識を習得する。クラブは通常 1 時間で、1 学期間に 4-5 回行われる。参加者によると、有益な本に関する構造化されたディスカッションには、多くの利点があると言う。このような集まりは、知的好奇心を刺激し、グループでの個人との交流を深め、多様な視点に触れることができ、継続的な教育開発をもたらす。そして、ある参加者の言葉を借りて言うと、「隅っこから抜け出し、生きた対面の会話の中で学内の同僚との関わりを再生する。我々全員にとって、さらに必要なものである。」というような機会を提供している。過去には、

- *Between the World and Me*（Coates, 2015）
- *Teaching Naked: How Moving Technology Out of Your Classroom Will Improve Student Learning*（Bowen, 2012）
- *How Learning Works: Seven Research-Based Principles for Smart Teaching*（Ambrose, Bridges, Dipietro, Lovett, & Norman, 2010）
- *Whistling Vivaldi: How Stereotypes Affect Us and What We Can Do*（Issues of Our Time）（Steele, 2011）

等の本が選ばれている。

(8) 小グループによる授業診断

　ジェイムズ・マディソン大学の教育革新センターでは、仮に1つしかサービスが提供できないとしたら、学期中盤での学生フィードバックである「授業分析アンケート」を提供すると回答した。このプログラムの目標は、1つの授業の学習環境に関する学生からの有益かつ意味のあるフィードバックを教員に提供することである。このプログラムはすべての常勤及び非常勤の教員に対して提供されており、特に教育経験のまだ浅い教員用につくられたものである。この方法のユニークなところは、(センター職員や学生ではなく)「同僚教員」によるピアコンサルタントを養成することである。ピアコンサルタントである教員が授業に参加し、学生からのフィードバックを収集・分析し、授業に対する学生の反応を議論するために教員とのミーティングを行う。1学期に約90名のプログラム参加者がおり、新任教員75名と継続ではない再任教員もいる。このプログラムは、教員の間での評判が良いだけではなく、学長、副学長及び学部長からも好評を得ている。このサービス及び方法の更なる有益な点は、この方法の学習への影響や、教育に関する教員の知識及び行動に関する影響をセンターが記録していることである。

3．ディレクターたちが追加・拡大したい方法

　表5.3 は、ディレクターが自分のセンターに追加したい、もしくはセンターで拡大させたいと考えている方法を示している。データによると、最も拡大させたい2つの方法は、全ての大学類型で、明らかに一貫している。教員の学習コミュニティーが全体で第1位(ディレクターたちが拡大したいという回答の43%)であり、全ての大学類型でも第1位(36%-50%)である。研修合宿(2-3日間)が、2番目(全体で29%のディレクターが拡大したいと回答、大学類型別でも27%-39%)であり、同様の結果となった。第3位の方法は同僚による授業観察であり、研究／博士大学(25%が回答)及び総合大学(27%)は強い関心を示している。非同期のオンラインプログラムも、研究／博士大学(30%)にとっては特に関心があるようである。学科や専門分野に特化したワークショップは、

カナダの大学 (36%) 及び総合大学 (27%) のディレクターには拡大したい方法
としてかなり選ばれているが、研究／博士大学 (16%)、リベラルアーツカレッ
ジ (14%)、及びコミュニティーカレッジ (23%) からは、低い評価であった。

表5.3　ディレクターが追加・拡大したい方法 (大学類型別)

FD の方法	全体	研究／博士大学	総合大学	リベラルアーツ・カレッジ	コミュニティー・カレッジ	カナダの大学
教員の学習コミュニティー (1学期、1年単位または定期的ミーティング)	43%	43%	42%	50%	39%	36%
研修合宿 (2-3日間)	29%	27%	30%	29%	39%	27%
同僚による授業参観とフィードバック	25%	25%	27%	14%	15%	18%
非同期のオンラインプログラム	25%	30%	21%	21%	8%	36%
学科／専門分野に特化したワークショップ	21%	16%	27%	14%	23%	36%
専門家による授業観察とフィードバック	20%	24%	12%	21%	15%	27%
ウェビナー (1-2時間の同時ウェブセミナー)	18%	21%	9%	29%	8%	18%
ウェブ上のリソース (リンク集やインターネット・コンテンツ)	17%	15%	18%	21%	23%	9%
小グループによる授業診断 (SGID)	16%	16%	15%	21%	23%	0%
セミナー (単発でないもの)	15%	18%	18%		15%	9%
事前資料による構造化されたディスカッション (例：ジャーナルクラブ)	14%	13%	18%	14%	8%	9%
電子版ニューズレター	12%	15%	9%	14%	0%	27%
カフェやランチタイムにおける教育に関する同僚との非公式なディスカッション	11%	12%	15%	14%	0%	9%
実践的ワークショップ (1-3時間)	7%	6%	6%	14%	15%	0%
個別コンサルテーション	6%	3%	6%	14%	15%	0%
その他	3%	3%	6%	0%	0%	9%

回答数 = 146; 無回答 = 47。「全体」にはその他の類型の大学を含む。

　ディレクターたちが追加したり拡大したりしたい方法は、良い効果が示されていると書かれた文献が増えていることからも確かめられる。FD 活動の影響に関する文献の書評の中で、Chism, Holly & Harris（2012）は、FLCs をモデルとした実践コミュニティーを活用した教育開発が良い成果をもたらすことを見出した。「FD 活動の形態は非常に多様であるが、参加者にとって確かに得るものがあり、その中には学生の学習への影響を追跡できたものもあった (p.137)」と結論付けた。また、彼らは、1 日以上の研修が、教育への心構えや教育実践の変化に良い影響を与えるとも結論付けた。フィードバックを伴う同僚による授業観察に関しては、1980 年代の研究（Cohen & McKeachie, 1980; Menges & Brinko, 1986）から現在の文献（Bell & Mladenovic, 2008; McShannon & Hynes, 2005）までの知見により、教育コンサルタントや知識のある同僚によるコンサルテーションを伴う授業観察が、教育及び学生に良い影響を与えることが報告されている。

　それと同時に、こういった方法は、計画及び実施において、莫大な時間が必要とされている。さらに、リーダーシップ、授業観察、そしてファシリテーションにおいては、教員やセンターの職員のトレーニングも必要である。職員の少ないセンターでは、これらのようなより集中的な開発の機会を提供する余裕がないと感じられるかもしれない。また、そういったセンターでは、潜在的に質が高い取り組みを少ない数で提供するよりは、おそらくより多くのサービスの機会を提供することで、センターの成功が評価されるというプレッシャーを感じているかもしれない。しかし、より多くの人々にサービスを提供できるように、センターは、最大限の効果を得るために時間と能力を使っているだろうか？一旦、一歩下がって、教員へのサービスの提供方法を再考することもできるのではないか？また 、トップにランクされた方法でさえも、もし現場の文脈に合っていなければ、成功する可能性が低いことを認めなくてはいけないのではないか？最も重要で、最もうまくいく方法は、現場の必要性、課題と状況に合わせたものでなければならない。

4．結　論

　ファカルティー・ディベロッパーたちが、センターで提供するサービスの中で最も使用する方法は、1-3 時間のワークショップ、個別コンサルテーション、そして、ウェブ上のリソースであった。これらの方法は、教員の忙しいスケジュールに対応したものである。逆に、ディレクターたちが、拡大したいと関心のある方法(例えば、教員の学習コミュニティー、研修や同僚による授業観察)は、センターが現在あまり実施していない方法であり、そういった方法は、新しい形式や別次元での教員たちの時間や関わりが必要である。しかし、こういった後者の方法は、教育のスキル、行動及び心構えに変革をもたらすのに、特に効果的な方法であると調査結果は示している。よって、こういった新しい方法を模索し適用する過程は、FD の仕事を革新する機会を提供する。センターが最も使用しない方法はテクノロジー関連のものであるが、そうすることができる資源があれば、非同期のオンラインプログラムや、より多くのウェブ上のリソースやウェビナーを使用したいという関心はある程度あった。センターは、将来、(教員役職者、職員及び学生との時間と同じように)教員と一緒に過ごす時間を最大限に活用するという課題があり、おそらく、深い関わり合いを生み出す方法を支援する際に、高度なテクロノジーを選択的に活用することで、効率性を高め、互いの関係を深めることができるだろう。

本章のハイライト

- すべての大学類型において、センターは、ワークショップ、個別コンサルテーション、そしてウェブ上のリソースを最も広範囲に使用している。小グループの授業診断、ウェブセミナー、非同期のオンラインプログラムのような方法は、ほとんど活用されていない。
- 少ない〜中程度の範囲で使用している方法が 5 つあり、非公式なディスカッション、学科に合わせたワークショップ、連続したセミナー、専門

家による授業観察とフィードバック、そして、教員の学習コミュニティー
が含まれる。

- ディレクターの報告によると、ディレクターがセンターの特徴として考
えているプログラムは、最も頻繁に提供しているものであり、具体的に
は実践的ワークショップと個別コンサルテーションである。

- 資源が与えられれば、ディレクターが拡大したい方法は、教員の学習コ
ミュニティー、2日以上の集中研修、フィードバックを伴う同僚による
授業観察などの潜在的によりインパクトのある方法である。

第6章　私たちはどこへ行くのか？

　この研究の最も重要な目的の1つは、自分自身、教育センター及びこの分野の将来についてファカルティー・ディベロッパーたちが信じていること、そして、このような話題を再検討する際に必要な中心的な仮説は何であるのかを探ることである。未来を予想することは、どんなに良いタイミングでも、どんなに安定した状況下でも難しい。そして、これまでの章で示しているように、FDという分野は現在、急激に変化する時代の中にある。確かに、全ての大学類型における教育センターは、過去10年以上、新しい種類のFD、教育テクノロジー、そして、エビデンスに基づく教育方法等の中心的なサービスを重視し続けてきた。それと同時に、多くの教育センターでは、（例えば、授業改革やカリキュラム改革といった）新しい分野でのサービスが増えており、また、中堅教員やシニア教員に特化したプログラム、教育学習研究への支援や教員の学習コミュニティーなどの教員との深い関わりが求められる方法を重視したいとファカルティー・ディベロッパーたちは望んでいる。この章では、2006年の時点で、ファカルティー・ディベロッパーたちが描いていた未来の方向性を振り返り、2006年時の予想が2016年にどうなっているかを検証する。そして、次の10年後の2026年以降、FDの分野で起こりうる希望に満ちたシナリオとして、ファカルティー・ディベロッパーたちが考えていることを調査する。

1．2006 年におけるファカルティー・ディベロッパーの予想と希望

FD が対処するだろうし、そうすることが理想的と回答した分野に関する 2006 年の回答者の予想の正当性は、この本の 1〜5 章で報告したファカルティー・ディベロッパーたちの回答から検証することができる。次の節以降では、2006 年に予想されたこと及びその予想が 2016 年にどれだけ実現されたかを議論する。

(1) この分野の進む方向に関する 2006 年のファカルティー・ディベロッパーの予想

Sorcinelli, Austin, Eddy & Beach (2006) によると、ファカルティー・ディベロッパーが予想していた FD の分野が進む方向は、テクノロジーと学習成果アセスメントが主であった。この予想をしたファカルティー・ディベロッパーの多くは、この両方のシナリオに関する強い懸念を抱いていた。ファカルティー・ディベロッパーは、テクノロジー支援に成り下がった FD を望んでいなかったし、教育学習改善のための学識提供ではない、説明責任のためのデータ提供という狭義のアセスメントになって欲しくなかった。

10 年後に、学内で扱うことが重要とファカルティー・ディベロッパーが報告した中心課題は、やはりテクノロジーである。具体的に言うと、伝統的な教室にテクノロジーを融合するという課題は、今回の研究でもファカルティー・ディベロッパーたちが自身のセンターに取り入れたいと回答する最上位のサービスであり、それは 2006 年の報告と同程度である。さらに、ファカルティー・ディベロッパーはオンラインやブレンド型学習を中程度で扱っていることが、今回の研究からわかった (これは今回の研究での新しい項目であり、過去 10 年以上のこういった教育テクノロジーの発展への認識を反映している)。今回の研究によると、ディレクターは、学内のテクノロジー支援部署と幅広い協働を報告している (ディレクターの 77％ が中〜高程度での協働を報告している)。そして、テクノロジー支援部署も、独自の FD プログラムを提供している (回答者の 67％ が中〜高程度での協働を報告している；表 2.3)。予算削減や授

業の提供方法の効率化が強調される中で、FD の中心はテクノロジーとなり、
教育センターの業務はテクノロジー支援部署との協働になるという 2006 年
時の懸念は驚くことではなかった。しかしながら、幸運なことに、今回の回
答によると、教育センターの事業におけるテクノロジー支援の役割は思った
よりバランスが取れており、学内の他部署（もしくは主担当部署）との共同支
援が拡がっている。

　学生の学習成果アセスメントは、近年でも、ファカルティー・ディベロッ
パーの提供する最も重要なサービスの 1 つである（今回の報告でも、2006 年の
報告と同程度である）。今回の調査では、大学やアクレディテーション機関に
よる授業アセスメントや、プログラム・アセスメントへの必要性の高まりを
反映した質問項目が追加されており、その新しい質問項目に対して、ファカ
ルティー・ディベロッパーはプログラム評価に小〜中程度で取り組んでいる
と回答している（表4.1）。加えて、ディレクターによると、学内の評価室と
共同で、教員が実施する学生の学習成果アセスメントの支援を、少なくとも
ある程度は実施している（表2.3）。実際に、ディレクターの半数以上（54%）は、
中〜高程度で、評価室と協働していると答えた。しかしながら、特にリベラ
ルアーツ・カレッジやコミュニティー・カレッジのディレクターは、学内に
協働できる部署はないと報告したことに留意する必要がある。さらに、評価
室が存在する場合でも、テクノロジー部署が提供する程の FD サービスは提
供していない。ディレクターの 83% が、学内の評価室は単独では、FD サー
ビスを全く提供しない、もしくは、小規模程度でしかしないと報告している。

(2) 2006 年の時点でのファカルティー・ディベロッパーの予想：FD という分野の進むべき方向

　2006 年に、FD の分野が今後進むと思われる方向（たった今議論されていた話
題）だけでなく、ファカルティー・ディベロッパーは、この分野が進むべき
5 つの分野を特定した。テクノロジーと教育・学習との有意義な統合、アク
ティブな教育法の深化、教員の新たな役割や拡がる役割に対応し、教員がそ
ういった役割を担えるような支援、教員間での専門分野を超えた実践コミュ

ニティーの構築、そして、学生、教員及び大学の多様性の課題への対応である。今回のサービスと実施方法に関する回答は、2006 年以降に教育学習センターによって達成された目標と、2016 年にまだ達成されていない目標の全体像を示している。

　今回の研究では、これらの 5 分野に取り組まれたという重要な証拠がある。テクノロジーの融合は、今回の研究でセンターでの特徴的な方法と報告されたトップ 3 に入る重要なプログラムである。4 章で取り上げられたサウスダコタ大学のプログラムは、思慮深い方法の良い例である。過去 10 年における、そのようなテクノロジーの融合に対する教育センターのすべての試みの範囲を正確に測定することは難しい。なぜなら、そのような試みはハイブリッドやオンライン授業の設計などの新しい形態だからである。そうは言っても、教育における優先事項がテクノロジーに向かっていることは明らかであり、その逆ではない（今後の 10 年間を予測するとき、このテーマはより広範囲に発展するであろう）。

　2006 年にファカルティー・ディベロッパーが今後取り組むことが重要と回答した主要分野は、アクティブで証拠に基づく教育法の深化であった。（4 章で議論されたように）過去 10 年間、ますますこの分野は重視されてきており、トップ 3 位に入る主要なサービスである。

　非常勤・有期教員へのオリエンテーション及び開発プログラムの増加、そして、プログラムが支援できていない少数教員、中堅教員及びシニア教員への支援に関するプログラムへの高まる関心から、教員の新しい役割や拡がる役割に関する話題をこの分野で扱う重要性がわかる。加えて現在では、新任教員オリエンテーションが FD で扱われている一番の課題であり、最も重要なサービスである。ディレクターの役割の中で、教員を支援するためにまだやるべきことがあるというディレクターの認識は、彼らが拡大させたい分野から見ることができる。その中には、中堅教員とシニア教員への支援、リーダーシップ開発、メンタリング、学術的ライティングがある。総括すると、FD の分野がすべきことは達成したという希望的かつ楽観的な見方は部分的にはあるが、より多くのことができるし、すべきだという強い感覚が残って

いる。

　2006 年に、次の 10 年間で FD の分野が重視すべきとファカルティー・ディ
ベロッパーが強く思っていた最後の 2 つの分野は、教員の学際的コミュニ
ティーの創設、そして、学生、教員及び大学の複雑な多様性への対応である。
今回の調査によると、この分野への取り組みは、教員の学習コミュニティー、
少数教員へのメンタープログラムや教育における多文化と多様性という形で、
小規模であるが進んだ。また、ディレクターは、こういった分野のさらなる
発展の必要性を感じ、関連する FD の取り組みを拡げたいと思っている。

2．FD の将来的な方向性——**近い未来**

　この章の主な目的は、前を見ることであり、近い将来にやるべきことを知
ることである。その目的を達成するため、今後の 5 年間で、FD の分野が重
視すべきとファカルティー・ディベロッパーが考えている課題と FD の実施
方法に関する一連の質問をした。まず初めに、ファカルティー・ディベロッ
パーがプログラム提供のために使用したサービスと方法について、4 章と 5
章と同様の 39 個の質問をした。私たちは、今後 5 年間で FD が重視すべきトッ
プ 3 の課題とトップ 3 の方法をファカルティー・ディベロッパーたちに尋ね
た。こうすることで、重要なサービス、拡大すべきサービス、対応すべき課
題、FD の実施方法に関する直接比較可能な回答データを入手した。パーセ
ントは、トップ 3 に入ると回答したファカルティー・ディベロッパーの割合
を示している。

(1) 今後 5 年間で取り組むべき優先課題

　FD の分野が優先すべき課題に関する回答は、教育学習面に関するものが
主であった。**表6.1** は、今後 5 年間で、FD の分野が重視すべき課題とサー
ビスに関する質問に対する最も多かった回答が示されている。回答の一番大
きな割合を占めたのは学生の学習成果のアセスメントで、研究／博士大学
(21%) 及び総合大学 (25%) からの多くの回答があった。オンライン教育／遠

隔教育は、16％の回答者から優先事項の高い方法として選ばれたが、その傾向は他の大学類型よりも研究大学 (21%) で特に多くみられた。教育に関連した多文化と多様性 (13%) 及び授業・カリキュラム改革 (12%) は上位であるが、特にコミュニティー・カレッジ (両方とも 23%) では優先度が高い。ファカルティー・ディベロッパーは教育の課題を一番重視しているが、より広範囲の大学レベルでの課題への対応の必要性も認識しているようである。読者には、自分が所属する大学類型におけるこういった課題を探って頂きたい (付録 B-6 に全てリストされている)。

表6.1　今後5年間でFDが対応すべき課題 (大学類型別)

課題	ディレクターの割合					
	全体	研究／博士大学	総合大学	リベラルアーツ・カレッジ	コミュニティー・カレッジ	カナダの大学
学生の学習成果アセスメント (教育・学習)	18%	21%	25%	13%	17%	9%
オンライン教育／遠隔教育 (教育・学習)	16%	21%	10%	13%	9%	12%
教育に関連した多文化と多様性 (教育・学習)	13%	12%	9%	16%	23%	15%
授業改革／カリキュラム改革 (教育改善・授業改善)	12%	9%	19%	11%	23%	3%

回答数 = 385; 無回答 = 0。「全体」にはその他の類型の大学を含む。

(2) 今後5年間で最も重視すべき方法

　ファカルティー・ディベロッパーたちはまた、今後 5 年間で FD が重視すべき上位 3 つの方法 (15 の中から選択) に関する質問を受けた。**表6.2** に、調査結果の概要がまとまっている。FD で重視すべきだとファカルティー・ディベロッパーが考える方法は、自分のセンターで最も追加または拡大させたかった方法 (5 章で議論されたもの) とはいくつか違っていた。FD が重視すべき方法として最も多く選択されたのが教員の学習コミュニティー (36%) であり、ディレクターが追加または拡大させたい方法 (43%) で報告したときと同様に、アメリカの大学でより多かった (表 5.3)。教員の学習コミュニティー

表6.2　今後5年間でFDが扱うべき方法（大学類型別）

FD の提供方法	ディレクターの割合					
	全体	研究／博士大学	総合大学	リベラルアーツ・カレッジ	コミュニティー・カレッジ	カナダの大学
教員の学習コミュニティー（1学期、1年単位、または定期的ミーティング）	36%	36%	41%	40%	43%	27%
非同期のオンラインプログラム	19%	20%	16%	29%	6%	14%
ウェブ上のリソース（学術文献へのリンク集やインターネット・コンテンツ）	18%	17%	29%	16%	6%	18%
ウェビナー（1-2時間の同時ウェブセミナー）	17%	17%	17%	26%	11%	18%
2-3日間の研修／合宿	16%	17%	20%	16%	14%	3%
学科、専門分野に特化したワークショップ	16%	14%	20%	16%	31%	15%
同僚による授業観察とフィードバック	13%	13%	17%	13%	14%	6%
個別コンサルテーション	12%	15%	15%	11%	9%	6%
セミナー（単発でないもの）	8%	8%	9%	5%	17%	3%

回答数 = 263; 無回答 = 122。

への関心以外は、大学類型により回答が異なっている。全ての大学類型の
ファカルティー・ディベロッパーが、自分の教育センターで好まれている方
法や拡大させるべきサービスを報告した時よりも、テクノロジー主体の方法
に関心を示していた。（コミュニティー・カレッジの例外を除き）ほとんどの大
学類型において、非同期のオンラインプログラム、ウェビナー及びウェブリ
ソースに強い関心を持っている。明らかに、こういったテクノロジー主体の
方法を自分の教育センターの仕事に追加するよりは、FD分野の全体として、
より柔軟で時間効率や教員が参画しやすいFDの提供方法を作り出すことに
ファカルティー・ディベロッパーの関心が集まっている。

　リベラルアーツ・カレッジのファカルティー・ディベロッパーが、非同
期のオンラインFDプログラムを扱うこと（29%）、そしてウェビナーを提供

すること（26%）に関心を示したことには多少驚いたが、おそらく最小限のスタッフでセンターを運営していることが多いからであろう。総合大学のファカルティー・ディベロッパーは、短期集中の研修及び学科別プログラムも重要（共に 20% の回答率）と答えているが、他の大学類型よりもオンライン・リソースを重視すべき方法（29%）としているのは、おそらく同様の理由であろう。テクノロジー主体の方法は、コミュニティー・カレッジにとって最優先事項ではなかった。むしろ、学科や専門分野に特化したプログラム（31%）、セミナー及びその他の対面による方法を FD の分野が扱うことに、他の大学類型よりもコミュニティー・カレッジの関心を集めていた。すべての大学類型において、教員の学習コミュニティーは多大な興味を集めているが、他の大学類型よりもコミュニティーカレッジ（43%）において、FD の分野での重要事項は教員の学習コミュニティーであるという回答が多かった。併せて考えるとファカルティー・ディベロッパーには、教員の学習コミュニティーのような長期間の深い関わり合いを、FD という分野は重視すべきであるという認識があるとデータは示している。しかし、それと同時に、ファカルティー・ディベロッパーはステークホルダーにサービスを提供するのにインターネットの可能性を最大限に活用する必要性を感じており、また同時間の対面プログラムの制約を超えて提供する方法を重視していきたいと思っている。

3．FD の将来的な方向性：自由記述の回答

　2006 年と 2016 年の調査の最後の質問群では、2 つの自由記述質問に回答するようファカルティー・ディベロッパーに依頼した。（a）今後 10 年間で FD の分野は、どのような方向に進むと思うか？　（b）この分野はどの方向に進むべきだと思うか？　必要に応じて、文字数制限なしで自由に回答するよう促した。今回の回答者の 3 分の 2 がこの 2 つの質問対するコメントを記入し、多くの思慮深い回答が集まった。今回の回答を分析するのに、前回の研究で使用したコードと同じコード体系を使い、さらに今回の回答者から出された新しいアイデアを表現するのに必要であれば新しいコードを加えた。回

答者の文脈や声を知るのに役立つ引用とともに、質的内容分析から割り出されたテーマが示してある。この分野が次の10年間で向かう方向に関するファカルティー・ディベロッパーの予想の中には、いくつかの新たな分野も出現した一方で、多くのテーマが2006年に出されたものと同じであった。

　FDという分野が進むと考えられる方向と向かうべき方向に関する回答において、主に2つの課題が浮き彫りとなった。学生の学習アセスメント及びオンライン学習／ブレンド型学習／遠隔学習である。この分野が向かうと思われる方向の4つのうちの上位3つの回答はテクノロジーが関わっていて、伝統的な教室へのテクノロジーの融合やオンライン上で自分で実施できるFDなどがあった。これらは、FDという分野が次の10年間で向かうべき方向という質問に対する回答の中では、あまり顕著に現れていなかった。これら2つの質問に対する自由記述回答には似たような点が多いので、関心の示された主な分野について重要性を見比べ、ファカルティー・ディベロッパーからのコメントを選び、最も頻繁に述べられた話題を整理して議論する。

(1)FD の未来に関するファカルティー・ディベロッパーのコメント

　全体として、この分野が向かうべきとファカルティー・ディベロッパーが考える2016年のリストのトップは、アセスメントであり、この分野が向かうと思うリストの3位である。アセスメントは、全米の高等教育において重要性が高いので、この研究全体と関係のあるより広いテーマとして、次の7章で深く議論することにしたい。この分野が扱うべきであるとファカルティー・ディベロッパーが合意したその他の分野は、テクノロジー（特にオンライン学習／ブレンド型学習／遠隔学習）、学際的／教員コミュニティーの構築、そして、教育学習研究及び批判的・省察的な教育に関連した方法である。

A. アセスメント

　ファカルティー・ディベロッパーのコメントから、学生の学習成果アセスメントと、彼らが提供するFDプログラムのアセスメントの両方への関心が明らかになった。コメントには、高等教育セクターにおいてアセスメントが

ますます重視されることに対する複雑な反応が反映されている。

①学生の学習アセスメント

　ファカルティー・ディベロッパーたちは、アセスメント、証拠に基づく教育実践、そして、アクレディテーションの高まる重要性に関して、その可能性及び潜在的限界を広く議論をした。特に、授業デザインやプログラム・アセスメントの過程を理解できるよう、教員支援をすることによって、学生中心で能動的な学習方法の活用につながるとファカルティー・ディベロッパーは考えている。一方で、アセスメントが狭義になりすぎて、学生の学習成果の立証や説明責任のために使われて、ファカルティー・ディベロッパーの役割がアセスメント警察になってしまう危険性も理解している。このような危惧は、2006年のファカルティー・ディベロッパーのコメントの中に明らかに見られ、2016年のファカルティー・ディベロッパーのコメントでも根強かった。

- 授業／カリキュラム改善の議論を促すようなデータへの関心が非常にあり、教員がそのようなデータを収集し分析し、深く考えられるよう支援する必要があるし、また私たち自身のサービスの効果に関するデータを確保する必要があると思う。（研究／博士大学；プログラム・コーディネーター）

- 連邦政策と「業績評価指標」が、価値のある大切なものを報告する代わりに、簡単に数値化できるものを報告するよう強制する測定装置になってしまい、FDの仕事の楽しみを阻害してしまうと危惧している。（研究／博士大学；教員）

- 経済的成功のための手段以上の何かとして高等教育を捉える強いビジョンを提供する強いリーダーシップなしには、FDは知識と学習者のアセスメント及び商品化を支援するだけのものになってしまうと思う。（研究／博士大学；ディレクター）

- 私たちは、学生の学習成果アセスメントに対してさらなるリーダーシップの役割を果たす必要がある（アセスメントの実施面ではなく、教学部門が

アセスメントを設計し、適用し、そして考えることができるように支援をする意味で）。（研究／博士大学；教員）

②プログラムのアセスメント

　2006年の研究に比べて今回の研究で寄せられたコメントでは、学生の学習評価以外のアセスメントがさらに目立った。ファカルティー・ディベロッパーは、教育プログラムのアセスメントを支援する必要性とともに、自分の提供するプログラムのアセスメントの必要性を敏感に感じている。報告する際に、プログラムの効果に関するデータを提供するよう求められたというコメントもいくつかあった。ディレクターは、このようなアセスメントを今後開発する必要があると回答している。

- FDは、その効果や成果が実証されたものを実施するという証拠ベースの方法により向かうべきである。加えて、評価は説明責任に焦点を当てるのではなく、証拠やフィードバックを収集したいという本質的な欲求から始める必要がある。（コミュニティー・カレッジ；ディレクター）

- 私たちは、アセスメントへの支援を増やすように求められるだろう。単に機械的な方法ではなく、教育の観点からも意味のある方法で取り組む権限を与えられることを願う。また、少ない資源を最大限に活用する方法として、学内他部署とより多くのパートナーシップを発展させるように求められるだろう。（コミュニティー・カレッジ；プログラム・コーディネーター）

- プログラムレベルでのカリキュラム開発支援（プログラムの学習成果のアセスメントを含む）が増えつつあり、こういった支援は、（教育センターに来る人々だけではなく）すべての教育部門のメンバーの必要に即時対応するFDにもつながる。資源の制約のため、FDの職務を教員や教育部門の必要性に合わせるよう、より戦略的になる必要がある。（コミュニティー・カレッジ；ディレクター）

- 過去20年間、初等及び中等教育の教員が取り組んでいた説明責任が高等教育にも訪れているが、私たちはそうする準備ができていない。今で

は、アクレディテーションの過程で学生の成果に関する言及をしなくて
はならず、その説明責任が教育に与える影響を、教員と一緒に理解する
よう取り組むことは、まだ目新しい。(コミュニティー・カレッジ;副ディ
レクター)

- ファカルティー・ディベロッパーとしての仕事と同僚の教員に提供する
  サービスの両方の点で、この分野はより証拠に基づく必要がある。この
  分野は、教育部門や専門分野のニーズにより沿ったものになるべきであ
  る。(コミュニティー・カレッジ;インストラクショナルナル・コンサルタント
  /デザイナー/コーディネーター)

B. テクノロジー

アセスメントの課題以外では、前回の研究で示されたのと同じように、
2016年の調査においても、FDの分野が進むべき、そして進むであろうと考
えられる方向は、テクノロジー主体であるという回答が多数を占めた。重要
な方向性として、オンライン/ブレンド型学習/遠隔学習、教室内のテクノ
ロジーの融合とウェブベース上で自分で実施可能なFDが含まれている。将
来の方向性としてのテクノロジーは、ウェブベースのプラットフォームや
ツール、そして、新しい授業の提供方法の重要な発展を反映したものである。
オンライン授業/ブレンド型授業/遠隔授業はすでに大きく拡がっており、
多くの大学では標準となりつつある。

教室へのテクノロジーの融合を支援する役割に関して、ファカルティー・
ディベロッパーは、2006年時よりも楽観的に考えているようで、オンライ
ン/ブレンド型/ハイブリッド教育学習を重視する必要性についても現実的
な考えを持っている。2006年には、テクノロジーが教育を変えてしまう可
能性への深い危惧があり、あまり喜んではいなかった。それに対し2016年
には、テクノロジーによる学生へのサービス提供の機会の増加と高等教育を
再構築する可能性をより一層多くのファカルティー・ディベロッパーが認め、
期待している。テクノロジーが活用されるすべての形態において、テクノロ
ジーによって高められる教育と学習に関するベスト・プラクティスを推進す

るリーダーシップを FD という分野が提供できるし、すべきであるという考えをファカルティー・ディベロッパーは抱いているようである。ファカルティー・ディベロッパーはまた、ウェブベース上で自分で実施する FD が出現する可能性も認識している。特に非常勤や遠隔授業の教員が増えているので、テクノロジーによって支援される FD の機会は、大学のニーズを満たすものとなるだろう。

①オンライン学習／ブレンド型学習／遠隔学習

- ますます多忙になる教員や最新のテクノロジーについていける支援が必要な教員に関わっていく方法を、この分野は見つける必要があると思う。加えて、アクティブ・ラーニングの手法をさらに拡げる手段として、反転授業というアイデアが教員の念頭にあるようだ。（研究／博士大学；プログラム・コーディネーター）

- オンライン教育を脅威とみなすのをやめ、適切に実施された時に、オンライン教育が強力な学習環境を提供できる方法を推進すべきである。（カナダの大学；ディレクター）

- 双方向の学習環境を作り出すテクノロジーの利用は、オンライン／対面式／ブレンド型のいずれの形であろうが、様々な文脈（伝統的な学部生、大人の学生、オンライン授業）において、教育方法やその応用の理解を深めるものである。（研究／博士大学；プログラム・コーディネーター）

②教室内でのテクノロジー

- 伝統的な教育方法とテクノロジーやオンラインで入手可能な幅広いリソースを組み合わせて活用する教員に対して、私たちの支援を拡大し続ける必要があると思う。（総合大学；ディレクター）

- テクノロジーをより多く活用する方向に向かうと思うが、テクノロジーツールやオンライン情報の活用は、個々の教員に合った共同学習経験を支援する方向に進んでほしいと思う。（研究／博士大学；上級管理者）

- 良い授業設計、効果的な教育と学生へのアクセス、学生の授業への関

与、そして、学習を支援するためのもう一つの道具としての教育テクノロジーを全面的に受け入れる。FD のチームとして、授業デザイナーや教育技術者をもっと雇うべきである。どのような学習の状況下であっても、いつ、どのようなテクノロジーが適切かを決定しなければならない。（カナダの大学；ディレクター）

③ウェブベース上で自分で実施する FD

- 学内での対面式のワークショップに完全に依存する方式から離れ、多忙な教員や地理的に離れた教員の必要性を満たすため、オンライン教育を効果的に使用するブレンド型アプローチ（オンラインと対面を組み合わせる方式）を始める必要がある。（カナダの大学；ディレクター）
- オンライン／ハイブリッドの FD はますます主流になるだろう。10 年以内に様々な分野で、テクノロジーが少しも含まれない FD を実施するのは難しいか不可能になるであろう。私たちが今なにをしているのかではなく、何をすべきなのかを話すならば、もうすでにそうなっていると言えるであろう。（その他の大学；ディレクター）
- 授業の 50％以上を非常勤教員が教えているコミュニティー・カレッジにおいては、遠隔 FD やウェブベースの FD は、将来ではなく、すぐに実施されるべきである。（コミュニティー・カレッジ；副ディレクター）
- 教育実践に関する社会的学習や変形学習（Social and Transformative Learning）の機会が十分ではなく、ウェブ上の学習に多く依存しているのは明らかである。（総合大学；ディレクター）
- オンライン・リソースとウェビナーである。教員はセミナーや会議に関われないくらい忙しい。（コミュニティー・カレッジ；上級管理者）
- テクノロジーがより重視されるようになると思う。ファカルティー・ディベロッパーとして、テクノロジーは必要と思うが、ツールやリソースは目まぐるしく変化するので、苛立つことがよくある。テクノロジー教育に関するセッションや学会に参加にしても、そこで提示されたツールを活用して教える自分の能力に自信が持てたことはない。（研究／博士

大学；授業コンサルタント／デザイナー／コーディネーター）

C．学際的なコミュニティー

　学問分野間での壁は低くなっている。カリキュラム開発、教育及び教員の研究に影響する複雑な課題や問題に対応する学際性がますます必要になっていることを、ファカルティー・ディベロッパーは目の当たりにしている。回答者のコメントには、不明確で複雑な分析が反映されている。

- 新任教員の訓練とメンタリングについて、経験の長い教員に再び関与してもらうことをより重要視する。また、異なる専門分野の教員とのネットワークや共同研究に、より大きな重点を置く。（リベラルアーツ・カレッジ；教員）
- 教育学習について、共同学習を重視すること。カリキュラムに対する総合的な知識と教育効果を改善するための学際的なより活発な議論や交流。（総合大学；上級管理者）
- 相互評価やセミナー、コミュニティーの実践といった学際的な方法で、教員たちは協働する必要がある。突出した自己中心的なやり方ではなく、お互いにアイデアを醸成する必要がある。（コミュニティー・カレッジ；上級管理者）

D．教育学習研究と省察的教育

　ファカルティー・ディベロッパーは、自分たちの仕事の面と、自分たちの支援を届ける手段の両方の面で、テクノロジーが増えると考えている。それと同時に、教員間の実践コミュニティーの設立と維持や、学術研究としての教育学習というアイデアに関する力強いアプローチに、ファカルティー・ディベロッパーはあきらめることなく多くの労力を費やしたいのである。教育学習研究への関心の高まりや、省察的実践と学際的コミュニティーが今後10年間の優先事項であるとされたことから、様々な専門分野の教員たちとのより深い関わり合いを希望するファカルティー・ディベロッパーたちの強い関心が見て取れる。

- 学習コミュニティー、メンターシップや相互評価を通して、専門能力開発や教育開発の話題に対する、非常に個別的で、いつでも可能な教員同士の関わり合いがもっと必要である。教育学習研究の方法、もしくは少なくとも証拠に基づいた方法で、教員全員が仕事をすべきである。(研究/博士大学；上級管理者)

- FD という分野は、学際的な協働を増やすよう努めなくてはならない。教育におけるベストプラクティスの共有や教育学習研究である。(総合大学；ディレクター)

- FD の分野は、高等教育の課題に対応するために、共同で取り組む教員のコミュニティーを構築すべきだと思う。1 回限りのワークショップは過去のものとするべきで、むしろ、ワーキンググループは、本当に最新の話題や課題(授業の再設計、教育学習研究のデザインなど)に切り込むべきである。(その他の大学；上級管理者)

- 次の 10 年で FD は、教育学習研究に基づいた教育実践に焦点を当てるべきである。すでに私たちは、良い教育の定義について、とても明瞭な概念を持っている。研究の業績(優秀性)と同等のレベルで、良い教育が評価され報われる環境を構築する必要がある。(総合大学；教員)

- 教育は公共物になる必要があるという Lee Shulman の考えを実現する必要が大いにあると思う。教員がすること、学生がそれに対してすることや言うこと、そして他者が教員のすることをどう見るかに関するさらなる透明性と開放性に対して、教員がより心地よくなれるように支援する必要がある。そして、この透明性をより重視できるように教員を支援する必要がある。(総合大学；教員)

(2) この分野の未来に関するその他の見解

　FD が進むべき、そして進むであろう重要な方向性として、最も頻繁に言及されたテーマに関する教員の声を挙げてきたが、さらにこの分野に潜在的な影響をもたらす 3 つの新しい重要なテーマに関するファカルティー・ディベロッパーのコメントを紹介する。つまり、専門分野における FD、大学改

革の重視、そして FD の資金である。この節を終えるにあたり、教員のニーズと人間関係を重視する伝統的な FD に対するファカルティー・ディベロッパーの深い関与を再確認できるコメントをまとめた。総合すると、前述したこと及びこの節で提示されるテーマやコメントからは、1つの分野としての FD の未来を熟考しているファカルティー・ディベロッパーの心の中にある希望や懸念、アイデアが見て取れる。彼らは、今後数年のファカルティー・ディベロッパーの仕事を通して描かれる見識とアイデアのコラージュを作り出している。

①専門分野における FD

- FD やトレーニングの内容がオンラインになるほど、専任の教育学習センターの必要性がなくなっていく。その代わりに、大学や大きな学科では、自分たちで作成したトレーニング・リソースや、全国的に出版されたトレーニング・リソースにアクセスするための専門職を持つようになるだろう。管理者がこうした専門職を調整するようになるだろうが、大学ではよりその傾向が強いだろう。(リベラルアーツ・カレッジ；教員)

- もう1つの変わる可能性のある分野は、教育学習の支援方法である。アカデミックな大学の文化は、誰が何をするかで、教育学習の支援は、学科内で支援を行う分散モデルを使用した教育コンサルタントや教育デザイナーに特化したものになるであろう。(総合大学；教員)

- この分野は学科や専門分野のニーズに、より緊密に沿ったものとなるべきであろう。(コミュニティー・カレッジ；インストラクショナル・コンサルタント／デザイナー／コーディネーター)

- 教員のニーズにより沿った FD が求められると思う（1つで全てを満たすのではなく、例えば健康科学の教員を対象にしたプログラムなど）。(リベラルアーツ・カレッジ；ディレクター)

- センターと他部署、学生の学習や FD に関心のある人たちとの間にぼんやりした壁がある。10 年後の教育センターが今と同じであるかどうか知るのは難しい。より強化されて単独で存在するかもしれないし、合併

されるかもしれないし、学内の状況によっては閉鎖されるかもしれない。
（研究／博士大学；上級管理者）

②大学／組織開発

- FD は、効果的な教育学習の促進と開発のための大学の中心的リソースになる。FD は、大学改革の仲介者となり、重要な教育論議を行う際の資源になる。（総合大学；教員）
- 複数の大学を対象にした、より多額の助成金による教育改革の取り組み、組織改革と組織開発。（大学類型は無回答；上級管理者）
- FD は大学の大きな課題に注目すること（アセスメントやテクノロジーの利用に関する大学文化における変化）。（総合大学；上級管理者）
- プログラムを大学の戦略やその他のニーズに沿ったものにするのと同時に、個人もしくは小集団の FD のニーズに対応する能力を増やすこと。学習成果アセスメント、教員評価、教員応募及び採用、学生の在学継続及びオンラインカリキュラム／教育のような大学の課題に対して、アドバイスや情報提供、支援を増やしていくために FD の専門知識を活かすこと。（コミュニティー・カレッジ；上級管理者）
- FD は、財団、連邦政府及び専門団体で誰もがする仕事となり、小さな大学でもいまや独自のセンターを設立したり FD 担当の副学部長を置いたりしている。未来を占って、思慮深く戦略的な方法で計画を立てるのは、ますます難しくなっている。 今後、この分野が進むにつれて、組織開発やシステム開発の専門性が役に立つのは明白であろう。しかし、教員の動向を継続的に調べる仕組みも同様に重要であろう。リソースに制約があるため、FD は教員や教育部門のニーズに合わせるよう、より戦略的になる必要がある。（コミュニティー・カレッジ；ディレクター）
- 学内他部署、手続き、グループ及びシステムと統合されたプログラム、システム、ツール。言い換えると、学内の学科、学部及び管理者によって使われ続ける、通常の手続き、機能、システムの一部としての FD である。（研究／博士大学；ディレクター）

- この分野は、大学のリーダーが設定した重要な大学教育の優先事項をより強固に支援するようになる必要がある。（研究／博士大学；ディレクター）
- 教員の比較的小さな役割の実施方法に焦点を当てるのではなく、組織開発へ向かうべきである。コミュニケーションテクノロジーの理解と活用を拡げる方向性である。（リベラルアーツ・カレッジ；職位は無回答）
- FD は、授業開発のモードから大きく離れることへの抵抗があると思う。支援することとその見返りにとらわれすぎている。個人レベルでの FD に比重が置かれすぎているので、大学レベルでの仕事としての FD という認識にはなりにくいだろう。私たちは、重要で高く評価された専門家またはパートナーとなる可能性があるが、目につかなくなり、容易に削減できるサービスへと変わるかもしれない。（研究／博士大学；ディレクター）
- 私たちはその挑戦に取り組むが、恐らくリーダーシップ開発や組織開発の視点を通してであろう。しかしながら、公にそれらの視点について話しても、私たちの仕事は、教員や管理者たちには理解されないだろうと危惧している。また、私たちのエネルギーを教員個人や授業に当て続けるだろう。それは重要な仕事ではあるが、高等教育のより大規模な課題に対応するには、役立たないだろう。（研究／博士大学；ディレクター）

③ FD の資金／資金の制約

- リソースが少ないと、共有の食事、場所とコミュニティーが提供できなくなり、交流が少なくなる。しかし、FD の取り組みは、何もないところから何かを生み出すよう迫られているようだ。1 つのきっかけもなしにコミュニティーはつくれない。どんなに良い案であっても！（研究／博士大学；ディレクター）
- 私の大学の状況から判断すると、資金とその欠乏が FD を阻害するだろう。私たちのセンターは、さらに自分たちで維持していく必要があり、新しい収入源（助成金やプログラムの参加費など）を見つける必要があるだろう。（研究／博士大学；上級管理者）

- 予算が厳しいということは、管理者にとって FD の優先順位が低くなっていて、FD のための個別支援を減らすといった、安上がりになる対応が取られると危惧している。インターネット・リソースは価値のあるものであり、非同期のワークショップも確かに重要なツールであるが、特定の分野のニーズに対応したメンタリングやコーチング、ワークショップを通した個別の FD の手段の代わりとはならない。(リベラルアーツ・カレッジ；上級管理者)

- (カリフォルニア州や他の多くの州のように)もし資金が減り続けると、FD (及び高等教育のすべてのスタッフに対する専門職能開発)は、完全になくなることもあり得る。専門職能開発を救える可能性のある唯一の方法は、大学全体の使命・計画、及び学生の成功を高める取り組みと専門職能開発が合致していることをアクレディテーションの厳重な要件とすることである。(研究／博士大学；ディレクター)

- 教育センターの予算が縮小され、資金が途絶えることを危惧している。こうなるべきではないが、予算は厳しく、FD が途絶える可能性もある。短期的に見れば適切かもしれないが、長期的にみると好ましくない状況である。アセスメントやアクレディテーションを FD に追加することは、教育的に正しいと思う。そして、そうすることで、センターと開発サービスのための資金の援助にもなる。(研究／博士大学；上級管理者)

④教員のニーズへの対応

- どの大学の FD も、教員のニーズに対応し、管理者に支援され、その計画を実行する必要なリソースを持つべきである。次の 10 年でこれを実現する過程において、多様な声や意見を積極的に取り入れることは有益であろう。(研究／博士大学；上級管理者)

- 私たち自身の環境の中で、どのように高等教育が進化するかを知るべきであり、必要な支援がどのようなものであっても提供する準備をするべきである。例えば、もし教員から e ポートフォリオの推進があれば、教員と大学の両方に必要な支援の準備をする必要がある。(総合大学；ディ

レクター)

- FD は、教員の多様なニーズに、さらに応える必要があると思う。対面式のワークショップを好む教員もいれば、いつでも使えるオンライン・リソースが必要な教員もいる。様々な形態で提供することによって、多様なニーズを満たすためのサービスを柔軟にする必要がある。(リベラルアーツ・カレッジ；教員)

- FD は、関係性重視のコンサルティングと人間の触れ合いを維持するべきだと思う。(リベラルアーツ・カレッジ；教員)

- これまで以上に、ファカルティー・ディベロッパーは、教員の専門的なアイデンティティーの構築を支援する職業カウンセラー以上の仕事をしている。教員の仕事が変化する中で、教員の教育者としての役割の明確化、また、社会的受容と自己肯定感を見いだす際の支援をするという独特の機会がファカルティー・ディベロッパーにはある。(研究／博士大学；ディレクター)

- 1 対 1 や小グループでのつながり(コンサルテーションや学習コミュニティー)への継続的なニーズがある。教員はとても忙しく、FD が開始されたばかりの頃とは、生活のペースも非常に変化したので、学習、教育や教員の生活に関する個人的つながりや会話を維持することが課題である。センターはそうする方法を発見する上で、より創造的になる必要がある。(カナダの大学；上級管理者)

本章のハイライト

- 2006 年の回答によると、テクノロジーの教育学習への融合及びアセスメントの方向に FD という分野は強く向かうと思われていたが、今回の研究でこういった予想の正当性が確かめられた。

- 2006 年の回答者は、テクノロジーの教育学習への有意義な融合、アクティブな教育方法の深化、教員の新しい役割や拡大する役割への対応、こうした教員の役割を調整することへの支援、教員間での学際的な実践

コミュニティーの構築、そして、学生、教員、大学の多様性の課題への対応について、FDという分野が重視するようになるべきと考えていた。今回の研究において、いくつかの分野では発展が見られ、その他の分野ではさらなる開発が必要であることが再認識された。

- FDの分野が短期的に重視すべき優先事項は、教育と学習に強い焦点が当てられている。つまり、オンライン学習や遠隔学習、アクティブ・ラーニングや探求型の学習、伝統的な教室へのテクノロジーの融合、そして学生の学習成果のアセスメントである。教員の学習コミュニティーは、この分野が今後の5年間で最も取り入れるべきプログラムと見なされている。

- この分野の長期的な方向性として、学生の学習とFDプログラムの両方に関わる様々な形でのテクノロジーとアセスメントに重点が置かれ続けている。また、ファカルティー・ディベロッパーはこの分野は教育学習研究、組織開発、個別コンサルテーション、そして教員個々のニーズを重視する方向に進むべきであると考えている。しかしながら、ますます厳しくなる高等教育の状況の中でFDという分野が生き残るために、厳しい資金や他の収入源の必要性と言った課題に対処する必要性も認識している。専門分野に特化したFDや、専門分野から由来するFDについて考え続ける必要性を言及しており、大学改革に対する彼らの役割が必然的に高まっていることを理解している。

第7章　私たちの職務の中で、アセスメントを どのように行うのか？

多様な形式で、かつ、多様な目的のために行われるアセスメントは、長年の間、高等教育研究やFDにおいて重要視され続けているトピックである (Chism & Szabo, 1998; Hutchings, 2010; Wehlburg, 2010)。アセスメントという言葉の正確な定義は、アセスメントが学習成果、教育プログラム評価、ベンチマーキング、質測定といった教育学習環境において様々な意味合いを持つ取り組みに応用されるため、一概に説明することは難しい (Welsh & Metcalf, 2003)。実際に高等教育では、ここ数10年間、ベンチマーキングと学習成果アセスメントといった取り組みに注目が集まってきた。この注目度は、管理の観点からのアカウンタビリティのためのアセスメントと、教員の観点からの改善のためのアセスメントとの違いとして捉えられることもある (Ewell, 2009; Sorci-nelli & Garner, 2013)。

　これらの注目される状況は、FD分野の取り組みにおいても同じようなことがある。私たちの前回の研究では、ディベロッパーは学生の学習成果アセスメントを、大学と教員が直面するトップ3の課題の一つとして捉えており、この課題はFDを通して取り組むべきであり、取り組むことができると信じていた。ディベロッパーはそのとき、学生の学習アセスメントに関連するサービスを提供することの重要性が高いと信じていた (平均3.43) が、そのようなサービスを提供する所属センターの機能があまり高くない (平均2.57) と捉えていた (Sorcinelli, Austin, Eddy, & Beach, 2006)。ディベロッパーは、教員が自分自身の教育実践や学生の学習に関する振り返りや検証を行う教室単位のアセスメントや研究を受け入れていたが、それぞれの大学が「教育目的よりもビジ

ネス目的を重視して」各種のアカウンタビリティ・システムの一部にするという潜在的可能性を心配した人々が多かった (p. 136)。一方において、FD が幅広い成果アセスメントの分野に慎重に移行し、高等教育機関の管理者がディベロッパーをその分野の専門家であると認識するようになれば、FD は個々の教員の成長や大学の質のために不可欠であると見なされるであろう。

この本の序論では、過去 10 年以上、高等教育におけるアセスメントとアカウンタビリティの課題への注目を高める内外の力について説明した。FD の分野が、エビデンス・ベースの教育学習、専門分野における教育実践研究（専門分野に基づいた教育を研究すること）への関心、学生の学習成果アセスメントや質改善を求める大学のニーズに焦点が当てられていることにより、"エビデンスの時代"に突入しているのだろうと紹介した。本書を通して、アセスメントが重要なサービス項目であり、連携にとって実りある領域であり、かつ未来に向けた確実なる方向性であることが、データには示されている。この章では、私たちは、ファカルティー・ディベロッパーのアセスメントについての考え方や、私たちの活動にアセスメントを結びつけていく方法について考慮することによって、"エビデンスの時代"が始まっている例を示すことにする。

まずは、ファカルティー・ディベロッパーが彼らのプログラムの効果を評価する方法に関する新たな知見を示していきたい。そこで、自由記述回答データの分析を行いながら、3 種類のアセスメント（教育学習プロセスと成果のアセスメント、教育者としての教員の職務のアセスメント、大学の改善やアクレディテーションと結びついた教育プログラムの成果のアセスメント）におけるディベロッパーの見方に関する知見について議論する。その議論を通して、ディベロッパーによる自由記述やコメント、振り返りの中から、しばしば取り上げられるこの話題を抜き出していきたい。

1. ディレクターはプログラムをどのように評価しているのか

約 20 年前、Chism and Szabo (1998) は、ファカルティー・ディベロッパーが彼らのプログラムを評価する際に、公正な尺度を用いるわけでなく、数を

励みにしていることを発見した。Hines（2009）はディベロッパーとのインタ
ビューを通して同様の状況を記している。彼女の調査参加者たちの中には、
系統だったプログラムアセスメントに重要な欠如があるにもかかわらず、ア
セスメントそのものへの強い関心があることが記録されている。

　その関心は、私たちの今回の調査における新しい質問項目に含める決め手
となった。すなわち、ファカルティー・ディベロッパーが自ら提供するプロ
グラムの質や効果を測定する方法やその結果をどのように活かしているかと
いうことである。今回の調査では、ディレクターに、主要な FD の効果のデー
タ収集の頻度や方法、さらにはその結果の公表のあり方を尋ねた。**表7.1** は
ディレクターが、参加者数、プログラムの満足度、増加したスキルの自己評
価、学生の学習や大学の実践の変容などを報告した結果である。

表7.1　ディレクターが報告したFD の成果を収集している項目

成果	全体	研究／博士大学	総合大学	リベラルアーツ・カレッジ	コミュニティー・カレッジ	カナダの大学
回答数	160	70	38	13	16	15
	平均（標準偏差）	平均（標準偏差）	平均（標準偏差）	平均（標準偏差）	平均（標準偏差）	平均（標準偏差）
参加者数	3.78 (0.52)	3.72 (0.54)	3.92 (0.36)	3.92 (0.28)	3.69 (0.79)	3.67 (0.49)
満足度	3.53 (0.69)	3.50 (0.68)	3.58 (0.68)	3.69 (0.63)	3.50 (0.89)	3.53 (0.52)
参加者の知識／スキルの増加	2.70 (0.92)	2.84 (0.89)	2.82 (0.87)	2.23 (0.93)	2.56 (1.15)	2.53 (0.92)
参加者の実践の変化	2.54 (0.90)	2.69 (0.86)	2.51 (0.93)	2.31 (0.95)	2.38 (1.03)	2.33 (0.98)
学生の学習行動の変化	2.15 (0.94)	2.31 (0.96)	2.20 (0.83)	1.54 (0.66)	2.21 (1.05)	2.07 (1.14)
大学の変化	2.07 (0.94)	2.12 (0.96)	2.14 (0.96)	2.00 (0.91)	2.19 (1.05)	1.77 (0.83)
その他	2.59 (1.37)	2.63 (1.41)	2.17 (1.47)	2.00 (-)	4.00 (-)	4.00 (-)

回答数 = 161; 無回答 = 52。1 = 全くない, 2 = 少しある, 3 = 中程度, 4 = 多い。(-)は報告なし。

　最もよく測定されるプログラムの効果は、参加者数や参加者満足度である。全ての大学が同様にこれらの効果に関するデータを集めていることは驚きではないし、参加者数や満足度は一番測定しやすいものであり、多くの FD プログラムにおいて標準的に求められ、期待される指標である。参加者の知識やスキルの修得度合や実践変容に関するデータが集められており、自己評価による形式をとっている。研究／博士大学や総合大学では他の種類の大学よりもやや高い頻度となっている。学生の学習や態度の変容の測定は実行するのが難しいし、多少行っているという以上に回答したディレクターはいなかった。

　大学レベルの変容を測定するには、特別のプログラムづくりが必要である。測定可能な目標を設定する必要があるという困難があるため、そのようなアセスメントの報告を最小限にしたいというディレクターもいる。学生や大学のレベルによっては、ディレクターは効果を判断するために、匿名データや非公式データに頼らざるを得ないのかもしれない。

(1) アセスメントのためのデータ収集法

　私たちは、次に、ディレクターに対して、プログラムの主要な効果を評価するために集めているデータの種類を尋ねた。それぞれの成果に対応する方法を、できるだけ多く選択できるようにした。表7.2 に示されているパーセンテージは、特定の成果に対して特定の方法を選択したディレクターの割合である。

　全体的に、データ収集方法の種類は測定される主要な成果と連動していることが多い。例えば、自己報告の調査は満足度の測定に有効であり、また参加者の知識修得の度合をアセスメントするのにも役立てることができる。同様に、計画された研究プロジェクトでは、教育実践の変容や学生の学習の変容との関連性をアセスメントする必要がある。センターは参加者数を数え、参加者から自己報告データを集めるが、ワークショップやその他のプログラムにおいて推奨されているようなアセスメントを組み込んでいるわけではない。SoTL で行っているような授業観察、学習成果の達成度を示す学生の学

表7.2　主要な成果をアセスメントする際のデータ収集方法

データ収集法	参加者数	満足度	参加者の知識／スキルの増加	参加者の実践の変化	学生の学習／行動の変化	大学の変化
参加者数の記録	78%	19%	14%	12%	6%	10%
参加者の自己報告	20%	73%	56%	47%	28%	20%
インタビュー	4%	22%	21%	25%	12%	14%
観察	11%	11%	24%	28%	11%	26%
学生の課題、プロジェクト、試験の点数	1%	2%	5%	5%	10%	6%
評価に関わる計画された調査プロジェクト	4%	5%	17%	19%	19%	20%
教員によるSoTLプロジェクトの開発の追跡と公表	8%	3%	13%	15%	11%	11%

回答数 = 162; 無回答 = 31。SoTL = 教育学習研究。

習活動サンプルの収集(またはシラバスや大学の変化を示す資料)や計画的なデータ収集は、一握りのディレクターにしか活用されていない。確かに、教員が授業中に学生からアセスメントデータを集めるよりも、教員から事後にデータを収集するのは、はるかに難しい。そしてFDプログラムを学生の学習を改善するための計測可能な測定方法と結び付けようとしたとき、標準的なFDセンターでは保有してない知識、スキル、時間とリソースが求められる (Hines, 2009)。これらの結果は、ディレクターへの主要なプログラムに関するインタビューによって補強された。彼らは参加者数や満足度のデータを収集していると報告しているが、プログラム参加前後のアセスメントや、効果測定、インタビュー、参加者観察などのフォローアップを報告するディレクターはほとんどいない。多くは、そうすることの必要性は知っているが、そのレベルや深さのアセスメントを実行するだけの時間やリソースを有していないことを示している。

(2) 評価結果の公表

　私たちはディレクターに対して、センター活動に関するコミュニケーションを拡げるために、彼らのプログラムアセスメントの結果をどのように活用しているかを尋ねた。私たちは5つの共通の公表方法を選択肢として提示するほか、その他の方法を記述するよう求めた。ディレクターは、彼らの実践に最も合致した回答を複数選択できるようにした。**表7.3** は、大学類型別に報告手法の割合を示している。ディレクターが活用している方法は、驚くほどバラバラであった。結果を活用していない、または無回答の大学は全体の20%を下回っている。総合大学は少なくとも2つ以上の公表方法を使っており、3つ以上の回答が多い。

表7.3　大学類型別公表方法の数

方法の数	全体	研究／博士大学	総合大学	リベラルアーツ・カレッジ	コミュニティー・カレッジ	カナダの大学
0	18%	19%	9%	28%	6%	12%
1	20%	22%	12%	17%	41%	29%
2	29%	24%	40%	28%	29%	24%
3	16%	18%	21%	11%	6%	18%
4	12%	14%	12%	6%	12%	12%
5	5%	4%	7%	11%	6%	6%

回答数 = 159; 無回答 = 34。

　全ての大学類型において、アセスメント結果の公表は、年次報告書や諮問委員会への報告が最優先事項である(**表7.4**)。ディレクターの中には、研修会においてアセスメント結果を報告したり、研究成果としていくつかのエビデンスを出版したりする者もいた。そのほかには、ニューズレター、執行部への報告、さらには、教授会や学内関係者への説明などの回答があった。

　面白いことに大学類型で、センターが行う公表方法に違いがある。全体

表7.4　効果測定結果の公表方法

公表方法	全体	研究／博士大学	総合大学	リベラルアーツ・カレッジ	コミュニティー・カレッジ	カナダの大学
年次報告書の出版	54%	52%	61%	61%	47%	65%
諮問委員会への報告	50%	52%	54%	33%	53%	59%
外部研修会での報告	39%	39%	44%	39%	24%	47%
教育サイトで上のデータ発表	23%	22%	33%	17%	18%	18%
学術誌、本等での出版・公表	23%	22%	30%	22%	24%	12%
その他の公表方法	12%	9%	14%	11%	29%	6%

回答数 = 159; 無回答 = 34。

的に総合大学とカナダの大学は、彼らのアセスメント結果を最も公表している。両方ともに、外部研修会での発表が多いが、総合大学のディレクターは他の大学類型よりも大学のウェブサイトや学術誌での出版が高い比率を占めている。この公表方法のパターンは、総合大学が学士課程教育中心であり、教育学習に力点を置いていることと非常に関連性がある。研究／博士大学のディレクターに比べ、それらのセンターのディレクターは、そのような研究発表や出版が、高く評価されると感じているのかもしれない。第3章でも示した通り、会議で研究発表するために出張するのに必要とされるリソースや論文執筆に割く時間は、リベラルアーツ・カレッジやコミュニティー・カレッジではほとんどないだろう。このことは、これらの大学では学外にプログラムの結果を公表することは、ディレクターの力量の限界かもしれない。コミュニティー・カレッジは総合大学、リベラルアーツ・カレッジ、カナダの大学よりも年次報告書を発刊することがはるかに少なく、おそらくこれもリソースの少なさが反映しているのだろう。リベラルアーツ・カレッジは、諮問委員会の組織を持たないため、この方法に関する割合は低くなっている。

　これらの知見は先行研究 (e.g., Chism & Szabo, 1998; Hines, 2009) と合致し、彼ら自身のプログラムのアセスメントが不足しており、彼らが挙げているよう

に、教員のニーズに対応していくことがディレクターの課題であることが示された。Kuscera and Sviniki (2010) は、15 年分の FD 評価報告書を研究する中で、連邦政府による『科学的に有効な教育評価』(p. 6) に適合する、たった 10 個の評価指標を見つけた。このことは、最初に示した数字ほどには驚きではないかもしれない。すなわち、そのような指標はランダムな統制された設計であるか、FD の状況に適用するのはとても難しいその他の研究手法を含んでいるのかもしれない。そのような評価の壁には、変化の複雑かつ長期的な性格が含まれており、例えば経験豊富な教員は短期間の枠組や統制された環境において、統計的に測定可能な変化を示しにくいことが挙げられる。Kuscera and Sviniki は、その分野の Chism and Banta (2007) と特に組みながら、FD プログラムの効果に関するファカルティー・ディベロッパーのアセスメントを進めるため、厳格な評価の定義を拡げることを提唱した。例えば Hurry, Harris Prins and Kruck (2014) では、学期の中間評価に学習者の自己省察に基づく学習や態度の変容測定を加えることがその領域に有益であり、効果が目に見える形で示され、一方においてアセスメント計画に比較的に簡単に組み入れることができる、アセスメントにおける重要な参考事例であると報告されている。

つい最近、Condon, Iverson, Manduca, Rutz, and Willett (2016) が、教員の教育実践と学生の学習成果に関する FD 計画の効果について、長期間かつ多様な方法でアセスメントを行った結果を報告している。それらは、教育充実ワークショップや、学習コミュニティー、その他の開発手法への関与が、授業実践に関する長期間の変容に、明確に関係があることを示している。これらの研究に参画した教員は、学生の学習が改善されたことを示すこともできた。しかし、この FD の効果に関する厳密かつ時間をかけたアセスメントは、標準的なセンターの範疇を超えるものである。効果があると評価される介入が、継続的なワークショップ、コンサルテーション、観察などの、FD で最も良く使われるものであるということは、ファカルディ・ディベロッパーに高い評価を与えている。Chism and Banta (2007) は、個々のファカルティー・ディベロッパーは似たような複雑なアセスメントをする必要はないしできないが、彼らが提供するプログラムが有効であるかを示すエビデンスとして、既に存

在するものを参照できるはずであると主張している。

　ファカルティー・ディベロッパーは彼らのプログラムの価値を示すために、教育研究者になる必要はないしできない。学生の学習意欲や到達度に関する効果的な教育実践の成果の研究は非常に有意義なので、ファカルティー・ディベロッパーがそれらの研究を繰り返す必要はない。提供したプログラムが教員の適用を助けたり、ベストプラクティスに採用されたりしていることを、もっと明確に示すことの方がより重要であり、より達成可能である。Fink (2013) は、そのような達成可能な実践を想定することから始めることがアセスメントに有用であると論じ、文献からいくつかの事例を用いながら画期的なアセスメント方法を提示した。ディベロッパーは、成果を示す手段として自分が持っていないリソースにアクセスするために、ファカルティー・ディベロッパーのネットワークを利用することもできる。教員であろうが職員であろうが、アセスメント支援者は、センタースタッフが時間を割くことができない特別プロジェクトを行うことができる。高等教育、評価、組織心理学のプログラムに属する博士課程学生には、研究活動の一部としてしばしば実習体験が必要となる。同様に、プログラムアセスメントや評価を含んだ大学院レベルの授業では、しばしば修得しようとする概念や手法を適用するのに使う事例を必要とする。ディベロッパーは、学内の他部署と一緒に活用できるアセスメントプランの設計について相談に乗ることができる。アセスメントを求める圧力は、FD に関心のある研究者にとってアセスメントが専門にできる分野であることを示唆している。

2．教育学習評価に対する FD の支援

　FD は歴史的に、第一の目標として教員個々のニーズに対応することに焦点を当て (Sorcinelli et al., 2006)、第二の目標として大学のニーズに合わせることに焦点を当ててきた。多くの大学が学生の学習を強化し、より多くの学生の学業達成を保証する手段を求めているので、教育学習センターは学生の学習アセスメントに関する専門知識を提供する拠点となっている。第 4 章で記

したように、学生の学習成果アセスメントは実際、ファカルティー・ディベロッパーが行うプログラムの中で一番の課題である。さらに、ディベロッパーが次の 5 年間で重要となるであろうと考えている事項であり（表6.1）、また次の 10 年間で FD が進むべきであろう方向性を議論する際に最も挙げられた課題であった（第 6 章参照）。回答では、アセスメント部署があると回答した大学で（もしそのような部署があれば）独自にアセスメントに関わる教員を支援するような職能開発プログラムを提供している大学は 20％に満たない。それゆえ、その領域はファカルティー・ディベロッパーがリーダーシップを取る余地があるように見える。実際に、センターの約半数以上が学内でアセスメント部署を支援し、協働している。

　今回の研究では、ディベロッパーは学生の学習成果アセスメントには、多様な方法があると報告している。集計結果と自由記述には、ディベロッパーが教員の教育改善に対して、学生の学習アセスメントの方法やその結果を授業改善に活かす方法を支援することに積極的に関わっていることが示されている。特に、ディベロッパーは自分たちの存在を、自分たちが評価者になるというよりも、教員が評価者としてのスキルを身に付けられるように支援するコーチやリソースと見なしている。リベラルアーツ・カレッジの副ディレクターの以下のコメントは、指示するのではなく教員を支援するディベロッパーのアプローチを映し出している。

- FD の努力は、アセスメントを教育学習の支援やリソースのためのベストプラクティスとして捉えることができるだろう。そうすることでトップダウンで高圧的で無意味なやり方よりも、教員には役立ち馴染みやすいものに感じられるであろう。

　メンターまたはコーチの精神で、ディベロッパーは教員に対して彼らの教育方法全体にわたりアセスメントを統合するように支援し、その理解を深めさせながら、アセスメントの全サイクルを後押しする必要がある。アセスメントサイクルとは、シラバスに測定／認識可能な成果を盛り込み、それらの成果の有意義で真正なアセスメントを計画し、かつアセスメントから得られ

たデータを彼らの実践の改善に活かすサイクルである。どのように達成され
るかについての強烈なビジョンを総合大学のディレクターが書いている。彼
のコメントからは、アセスメントのプロセスだけでなく、良い教え方に関す
る複雑に絡み合った課題に取り組む他者を支援しようとする取り組みである
ことが理解できる。

- 学際グループでは、教員に対して自分の領域の認識論をもっと学ぶよう
  に支援する。学生にとって学ぶことが難しい点は何なのか？（古い概念
  からの脱却）　行き詰まった時に専門家は何をするのか？（専門知を言語
  化する）　無意識に修得している能力を言語化することで、教員に対し
  て体系化された説明ができ、事例を提供し、学生が学ぶ際にボトルネッ
  クとなるものの習熟度を評価する方法を示すことができている。それぞ
  れの領域は、このやり方によってカリキュラムと結びつけることがより
  容易になり、教育学習成果を測定するためにエビデンス・ベースの学習
  を活用しやすくなる。

　教員が学生の学習成果をアセスメントする作業の支援に関わることに付随
する懸念が無かったわけではない。学生のアセスメントに関わる教員への支
援にも関わらず——もしくは、おそらくこの支援が理由で——ディベロッ
パーは、評価者としての教員の役割が職業上の向上を、学校教育の分野で起
きていると信じている者がいるように、完全に阻害するのではないかという
懸念を述べている。あるディベロッパーは以下の通り、多数が書いているこ
とをうまく表現している。

- 高等教育の健全性を保つために、FD プログラムは中等教育が陥った罠
  を避けることが重要である。すなわち、学生のアセスメントや顧客とし
  ての学生を重視するあまり、教授たちが専門分野に割くべき時間や機会
  を失ってはいけないということである。バランスの問題である。確かに
  誰も"ステージ上の賢人"（訳注：一方向の講義）に戻りたくないのだから。
  （研究／博士大学；授業コンサルタント／デザイナー／コーディネーター）

ディベロッパーの何人かが指摘したもう一つの懸念は、アセスメント活動が潜在的な影響を持つことである。特に、意義あるアセスメントと機械的なアセスメントの間の対立を懸念している。測定しやすいことよりも、学生に修得してほしい最も重要な成果を把握することが大切である。同様に、学生の学習をアセスメントするには、創造的なアプローチ（真正な、多様な測定を使った三角測量を含む）と規範的なアプローチ（標準化された、単独の成果の測定を含む）との違いがあることを認識している者がいる。第6章で言及した通りディベロッパーは、アセスメントに対する規範的なアプローチが、教員や自分たちにとって、"この仕事の楽しみを削ぎ取る"ようなものとなることを恐れている。ある回答者は、「評価することが大事であるにも関わらず、数えやすいことを報告するように強いられた」と記している。

ディベロッパーは大学における知識基盤であり、ますます中心的役割が大きくなっているため、学内でどのようにアセスメント枠組をつくることができ、つくるべきか、どのように教員たちの全体像と合わせるかといった対話に影響を及ぼす強い立場にある。学習アセスメントがFDの領域となり、それに関するデータがセンターにあるなら、ディベロッパーは、そのようなデータの活用法についてより強い影響を持つことになるだろうという者もいる。たとえセンターが学生の学習アセスメントを主導することにならなくても、この仕事に関わる教員個々を支援することができるであろう。研究／博士大学の教育コンサルタント・デザイナー・コーディネーターである回答者の言葉によれば、ディベロッパーの重要な役割として、学生の学習成果アセスメントにおける教員の責務や説明責任に対する期待が拡がっている。

大学は研究や運営に加え、学習成果に対する説明責任を強いられつつある。FDは教員を支援することによって対応する必要があろう。

3．教員の職務アセスメントにおけるFDの役割

ファカルティー・ディベロッパーは、教員による学習アセスメントを助ける役割に深く関わっている。彼らは、教員の価値や効果の評価者としての役

割にはあまり熱心ではなかった。歴史的に FD の責任領域には、教員の職務評価は含まれてこなかった。ディベロッパーは教員が教育効果を高めるのを支援してきた一方で、教員の専門職開発活動と教員の職務評価とを厳しく区別しようとしてきた。ディレクターたちは、教員たちにセンター活動やプログラムに参加するよう依頼文書を送ってきたが、教育の質の評価者としての役割を避けてきた。その理論的根拠として、センターは教員から見て、支援を受けやすく、新しい教育方法を試せる安全な場所である必要があった。そこでは、改善のための努力が有効であるかどうかや、評価プロセスの中で教員の経歴、昇進、給与に悪い影響をおよぼさないことになっていた。

　今回の調査において、長期にわたって成長と評価を分離してきたことに対する脅威について心配するディベロッパーがいるという回答があった。特に、ディベロッパーは、教員の教育の質の評価を求められることを懸念している。学生の学習成果アセスメントを支援することが、テニュアや昇進の決定と結びつく結果となるようなら、教員とディベロッパーである自分たちとの関係に影響が及ぶのではないかという懸念を表明している者もいる。研究／博士大学のある教員は、「高等教育の効率を求める社会からの要請に沿った学習成果アセスメントの経営的な圧力」が FD に及ぼす悩ましい影響を示している。他のディベロッパーは、アセスメントと学生の学位修了義務化が今後の FD の方向性を左右するのではないかと書いている。ディベロッパーは教員活動の評価者としての役割を担うことに関心がないが、充実した省察的なティーチング・ポートフォリオの一部として、学生の学習アセスメントのエビデンスを重視した新しい評価指標をサポートすることになるだろう。議論してきたように、ディベロッパーの中には、教員が自分の職務の中に自己評価のプロセスとスキルを統合し、そのようなアセスメントのエビデンスをティーチング・ポートフォリオに盛り込むのを支援することができると回答した。他にも、大学が開発する評価指標が、教育に含まれる深さや複雑さを反映できるか確証がないという者もいる。さらに、テニュアや昇進のプロセスにそのような評価指標が期待されるなら、教員への責任が二重になり、彼らの多くは新たな複雑性に対応できないだろう。

ディベロッパーは教員の職務評価に直接関与することに楽観的ではないが、教員が自分の教育や学生の学習を検討する際に有意義かつ創造的に関与する方法として、同時に教育プログラム改善やアクレディテーションで求められるデータを得る方法として SoTL を見なす傾向がある。SoTL は提供されるサービスとして順位は高くなく（表5.1）、カナダの大学以外では主要サービスにもなっていないが（表5.2）、今後、全体として最も拡充したいサービスとなっている。さらに SoTL への支援は、将来この分野が進むべき方向性に関する自由記述においても頻繁に取り上げられている。SoTL に関するディベロッパーの考えの中では、リベラルアーツ・カレッジのディレクターの以下のコメントが代表的なものである。

- 私は、この分野は SoTL の方向に向かうべきだが、おそらくアクレディテーションや学習成果アセスメントの方向に進むだろうと書いた。ある意味において、この2つの領域は似ている。私にとっての違いは、内部的［対］外部的モチベーションである。私は、アクレディテーション団体がアセスメント計画に沿って求めるものよりも、教員自身の教え方や学生の学習をより支援する活動を実際に進めているファカルティー・ディベロッパーを見るのが好きである。それは彼らがそれを望んでいるからである。教員は同じデータを集め、同じ量の作業をし、自分とアクレディテーション団体の両方を満足させることができたように見える。もし彼らが1番目にしたのならば。

ディベロッパーの数人が、内部的に動機づけられた自ら追究する SoTL と、アクレディテーションのための外部的かつ義務による個人やプログラムのアセスメントとの違いを記している。彼らは、FD の領域は、内部的に動機づけられる SoTL を促すことができるが、後者は避けたいと望んでいる。しかしながら、彼らには大学がそうするだろうという自信はない。研究／博士大学のある教育コンサルタントは、アクレディテーション団体からの要請や、その他のアセスメントに関する圧力から、「SoTL による深い探究や他の教育に対するより学術的なアプローチよりも、アセスメントのための浅いアプ

ローチ」に進むだろうという懸念を示した。

　全般にディベロッパーは、教員が自らの教育や学生の学習を振り返る機会を強力に支援しているが、大学のやり方での教育評価に時間を割きたくない。また、大学から義務とされた評価測定に狭められた教員の教育と学生の学習の評価を支援したくはない。ディベロッパーは自分たちのことを教員の職務評価に直接に関わるとは見なしていないが、教員の自己評価や、評価目的のためのポートフォリオの準備、現在進行中の改善に有効な知見の獲得や、評価目的のエビデンスとしての SoTL に関わる教員の支援に自分たちの役割を見出すことができる。

4．大学によるアセスメントとアクレディテーションを支援する FD

　この章の始めに記した通り、FD の伝統的なアプローチは、形式的であり、自主的であり、教員主導で、教員のニーズに基づいたものだった (Austin, 2010; Sorcinelli et al., 2006)。大学の意思決定にますます影響を持つようになっているアクレディテーションの課題は、総括的で、自主的でなく、外部主導で、教育の成果や組織改善のエビデンスを求めるニーズに基づいたものである。さらに FD の領域は、教員との活動において機密性とプライバシーを保護することを大切にしてきたし、教員が自分自身で改善する活動 (個人的なコンサルテーションや FLCs とか SGIDs のようなグループ計画であっても) と大学の意思決定の作業とは距離を置いてきた。私たちは、学生の学習と、少なくとも 1 つのアクレディテーション団体が求めるような学習を促がす教育者の育成との間に、より明確な関係を見出し始めている (例として質向上計画 (QEP)、後述)。しかしながら多くのディベロッパーにとって、教員向けサービスとしてのアセスメントの支援と、大学向けサービスとしてのアカウンタビリティの支援との間には、固有の問題がある。この問題は、大学の学習成果アセスメントや機関別アクレディテーション団体に関わるディベロッパーの自由記述で明らかとなっている。

　ディベロッパーは、組織改善やアクレディテーションのための、授業やプ

ログラムレベルのアセスメントの必要性を理解している。それでも、量的調査データはクレームを付ける（この課題はこの分野でますます重要になってきているが）のには十分ではない。プログラムレベルのアセスメントやアクレディテーション支援のための設問の選択肢のほとんどは、今回の調査での新規項目であり、そのため2006年調査からの比較データはない。しかしながら、今回の調査では、アクレディテーション対応やQEPへの支援はディベロッパーにとって最も重要な事項ではなく（表2.1）、プログラム評価も最も進めたいと報告した項目になく（表4.1）、拡充したい事項にもなく（表4.3）、かつ、今後5年間の注目事項にも入っていない（表6.1）。しかしながら、大学レベルのアセスメントやアクレディテーションに関する記述式回答では、教員の教育実践や学生の学習の改善や診断への支援に重点を置くサービス以上に、アセスメントのニーズがより強まってくる可能性や落とし穴といった、微妙で複雑な理解が示された。

　ファカルティー・ディベロッパーがこの領域で提案している一つの方向性は、教員個々のニーズを学科レベルのニーズに合わせて対応するときに達成できる潜在的な相乗効果に関する認識である。ディベロッパーの中には、個々の授業アセスメントと、プログラムレベルのカリキュラムの見直しや検証には、より明確な関連があると主張した者もいた。ある総合大学のプログラムコーディネーターは、「アセスメント（やアクレディテーション）への関心や必要性を高める手段として、授業やカリキュラムデザインのプロセスを教える」ことの可能性を述べている。あるコミュニティー・カレッジのディレクターは、この考えに同調している：

- 私たちはもっとプログラムレベルのカリキュラム開発支援に進むべきである（学習成果のプログラム評価を含む）。そのことは、教学部門の全てのメンバーにとって時機に適ったFDともなるだろう。リソースの制約があるので、FDは教員や教学部門のニーズに沿って、より戦略的にその活動を連携させるようにする必要がある。（コミュニティー・カレッジ；ディレクター）

他のディベロッパーはこの分野の将来について、センターのアセスメント

の職責やプロジェクトに加えて、アセスメントやアクレディテーションにおける他部署との連携がより大きくなるだろうという展望を示した。研究／博士大学の上級管理者は、今後この分野が進むべき方向性についてのコメントの中で、「私は、FD とアセスメント、アクレディテーションの連携や組み合わせをもっと行うべきだと思う。これらの課題は一緒に行う必要があり、分けておくものではない。私はその点にワクワクしている。」と述べた。この管理者は、自分が言うような方向にこの分野が進むのなら、このような連携は教育センターにより多くのリソースをもたらすことができると続けた。「私は、FD にアセスメントとアクレディテーションを加えることは教育学的に健全であると思う。またそのことがディベロッパーの生き残りのためにセンターと財源を支援してくれるであろう。」最後にこの回答者は、ディベロッパーはアセスメントのためのアプローチを形づくるために準備する機会を持っておくことを指摘している。

- アクレディテーションは……全ての大学に不可欠な機能であり、私たちは関連する専門知識を持っているが、アクレディテーションの開発的側面——改善を継続するための決定を下す目的でのデータ収集の側面——での作業では総括的プロセスに陥りたくない。(研究／博士大学；副ディレクター)

　おそらく、FD がアセスメント、IR やアクレディテーション計画をより支援する方向となると信じている数人のディベロッパーによる感想の最も良い例は、研究／博士大学の上級管理者のアドバイスの中に表れている。

- FD は知識を保ち続け、これらの変革の課題を結びつけることによって上手くいくだろう。大学の職務を理解すること(組織開発)、教員のニーズと学科のニーズを評価する多様な方法と、それらに必要なバランスを把握すること、管理面／教育面の中心的なニーズを理解し対応すること(同時に熱意と、ニーズに応じることが大切である)。

　ファカルティー・ディベロッパーが大学のアセスメントのニーズを支援することに関するコメントが、"新しい現実"として見て前向きだったり、中立だったりするが、何人かのディベロッパーはそれが現実になるより大きな状況について懸念している。研究／博士大学のディレクターは「経済的成功の手段以上に、高等教育を強化するビジョンを提供できる強いリーダーシップがない限り、FD は知識と学習者のアセスメントや商品化を支援する方向が促進されるであろう。」

　大学レベルのアセスメントやアクレディテーションに関するディベロッパーにとっての主要な関心は、教員との自主的かつ緊密な関係を維持するという自らの中心的役割にある。彼らは、教育・学習・プログラムの成果のエビデンスを提供する公的データを作成するために、これらの原理と圧力のバランスをとる必要性を認めている。ディベロッパーは、外部からの力によって教員を有意義に関わらせる組織変容アプローチを促す機会となると見ている。最も強い懸念としては、大学の対応によってはこの機会を失うかもしれないというものである。

　"エビデンスの時代"が到来するとき、大学のアセスメントとアクレディテーションの面で前向きなニュースとなるかもしれない。私たちには、アクレディテーションが教育の質の向上と大学の有効性の改善を含む可能性が見え始めている。これに関連して、南部アメリカカレッジ・スクール協会 (Southern Association of Colleges and Schools：SACS) は、アメリカのアクレディテーション団体の中で、カレッジや大学に対して QEP を開発する要件を設けている点で特徴がある。QEP に関するガイドラインでは、「大学のアセスメントから生じる主要課題を特定するプロセス」を含み、「学習成果と学生の学習を支援する環境、大学のミッションの達成」を重視するべきとしている (SACS, 2015)。それゆえ QEP は、評価データの活用を学生の学習成果の改善に焦点を当てている (Sorcinelli & Garne, 2013)。QEP の要件に対する実際の対応は開発する大学によって異なるが、多くはかなりの資源が投入され、いくつかのケースでは教育学習センターとの相互連携によって開発した (Sorcinelli & Garner, 2013)。QEP へのアプローチは大学類型によって明らかに異なるが、

全てにおいて大学の目標やリソースよりも学生の学習に焦点が当たっている。

5．結　論

　学生の学習成果アセスメントにおける FD は健在であり、かつ多様である。そしてこの分野の現在のプログラムと将来の方向性において最優先事項である。アクレディテーションのための授業方法や教育プログラムのアセスメントに関する FD はまだ一般的ではなく、優先事項としても報告されていない。ファカルティー・ディベロッパーは、そのことを視野に入れ、彼らの将来の方向性の議論に含めている。所属大学やより大きな分野でのディベロッパーの取り組みは、複雑で多様な教育学習、教育プログラム、大学のミッションを反映したアセスメント枠組を形づくることにあるだろう。

　今回の調査から、FD 分野において、アセスメントと、そのエビデンス・ベースの実践における長期的及び短期的活用方策に関する議論を優先すべきであり、そうしたいということが明らかである。アセスメントの枠組を決めるだけでなく、互換性がないかもしれない教員個々と大学のニーズに対応するためにディベロッパーが担うべき課題は、幅広い議論や研究が必要となる。同様に、ディベロッパーは自分たちの活動の効果を評価する可能性を視野に入れて議論する必要がある。ファカルティー・ディベロッパーはもはや周縁部ではなく、大学の計画の中心で、どのようにアセスメントを自分の大学に適用するのか、どのように最適な実践モデルを形づくるのかという際に、自分たちの専門性を活かす機会を得ている。

　この望ましい未来において、ファカルティー・ディベロッパーは、ますます意義あるアセスメントに関わり、教員や大学執行部とのネットワークを構築して、建設的な解決方法で大学の問題に対応することが求められるだろうと展望する。私たちは、ファカルティー・ディベロッパーが今まで以上に、大学の優秀性に関わるようになり、学生の学習やそのような学習を促す教員を支援する環境に関わることになると見ている。これこそ私たちにとって、"エビデンスの時代"のエッセンスである。

本章のハイライト

- "エビデンスの時代"が始まるとき、アセスメントはファカルティー・ディベロッパーの実践や優先度において、ますます特徴的な役割となるだろう。

- 学生の学習アセスメントに関して、ファカルティー・ディベロッパーが報告する職務の範囲は広く、そのトピックは現在でも最上位のサービスであり、将来においてもこの分野の最優先事項である。ディベロッパーはSoTLを、教員が自らの教育実践にアセスメントを意味ある形で組み込む方法を学ぶのを助ける主要なアプローチと見ている。

- 教育プログラムのアセスメントやアクレディテーションの支援は、ファカルティー・ディベロッパーが提供する現在のサービスの中には無いが、その機会が与えられるなら拡がるであろうし、また次の5年間における優先事項の一つとなるだろう。大学の目標のためのアセスメントを支援する必要性について、ディベロッパーの見方はこの分野の長期的な方向性に関する自由記述に現れている。

- ファカルティー・ディベロッパーは、組織改善やアクレディテーションのための授業アセスメントやプログラムレベルのアセスメントを支援する必要性を理解している。彼らは一般的に、その方向に進むであろうことに肯定的であり積極的である。彼らが警告しているのは、そうすることで、教員との自発的かつ緊密な活動における長年の関係が損なわれ、そのようなアセスメントを適用することが大学の利益と同じようには、教員の利益につながる枠組みにはならないのではないかという懸念である。

- ファカルティー・ディベロッパーは自分たちのプログラムの質や効果をアセスメントする必要性をひしひしと感じている。彼らは、プログラムの参加状況や満足度について積極的に把握しているが、教育実践や学生の学習への効果をアセスメントするのが課題である。

第8章　私たちは何を学んできたのか？

　第1章で詳細に議論したように、過去10年間でアメリカの高等教育の景色は変わった。費用対効果の圧力、グローバルな舞台でのアメリカの卒業生の競争力に対する連邦政府の関心、さらには学生の達成に対する多様なステークホルダーによる関心が、教育・学習成果と効果的な教育実践、その両方のアセスメントへの関心を増してきた。オンライン授業、ブレンド型授業、ハイブリット授業を支えるテクノロジーの急成長により、高等教育機関はキャンパスという壁を超えた新しい機会を提供し、目まぐるしいスケジュールに追われる学生に対応した学士課程レベルの授業から、ハイブリット型の国際的な大学院プログラム、さらには大規模公開オンライン授業(MOOCs)などを提供する。終身雇用の教員の役割はますます分業化して、多くの授業は現在、有期雇用教員や非常勤教員によって教えられている。これら全ての動き、そしてその他の動きは、"エビデンスの時代"における FD にとって意味がある。

　この章で私たちは、Sorcinelli, Austin, Eddy & Beach (2006) の結章で示された新しい時代である"ネットワークの時代"の先端にいたという提言について再検証する。その章では、"学者の時代"、"教師の時代"、"ディベロッパーの時代"、"学習者の時代"を構想することによって、ファカルティー・ディベロッパーが将来の計画をたてるのに有益な指針を提供した。私たちは、その領域が進展していくと考えられる、相互に関連する7つの優先領域をまとめた。

　1. ディベロッパーの専門性の準備を促進すること

2. FD の実践に学術性を盛り込むこと

3. FD の視野を拡げること

4. 個人のニーズと大学のニーズを結び付けること

5. 属性の重要性を認識すること

6. 教員の多様性を再定義すること

7. FD を共有責任として再認識すること

　その後の 10 年間で、ファカルティー・ディベロッパーは多くの優先事項において意義ある進展を見せたが、まだ残された課題も多い。この結章では、本書での新しいデータを活用することによって、ファカルティー・ディベロッパーとして今後の 10 年間で取り組む必要のある主要な課題に関する展望を示すとともに、それらの課題に対応する際に必要とされる問題点を明示しておきたい。私たちの前書と同様に、FD の専門職が将来にむけた彼らの職務や計画を定期的に見直すための指針となるように、また大学の上級執行部が大学の優秀性を向上させる際の戦略的な手段として、FD の深い分析や議論が踏み台として有用であることを理解するように目論んでいる。次の節では、私たちが提示した勧告を再度眺め、過去の勧告と関連付けて新たな知見について議論し、将来に向けた優先事項に関する展望を提示したい。

1. 専門職への進路を拡げる

　2006 年の研究結果として、FD 専門職の育成やキャリアパスを含めた役割について、この分野がさらに注視し、考慮を加えることを勧告した。この分野のかなりの割合で、特にディレクターが、彼らの役割がかなり新しくなることを記している。私たちは、FD 活動のためのコアとなるコンピテンシーや専門性の準備について定義する価値があるかどうかを尋ねた。そのような理由により、今回の研究では、ディベロッパーがこの仕事に持ち込んでいる専門分野や前職の経験の範囲をより理解するために、ディベロッパーのバックグラウンドやキャリアパスをさらに詳しく調べた。

　私たちは高等教育の大局だけでなく、調査データから、専門職への道筋に関連するいくつかのテーマを見出し、必要な設問を挙げた。これらのテーマには、教員と比較してファカルティー・ディベロッパーの複雑な人的構成、専門職への道筋が変化していること、今後の FD の発展の障害へと無意識に繋がるかもしれないキャリア選択、さらにはファカルティー・ディベロッパーの次世代を形成する全国的組織の影響が含まれている。

　ほとんどの高等教育機関の教員と学生が複数の次元でますます多様化する中で、FD 分野の諸活動がそのような多様性に対応することが期待されるだろう。しかしながら、ファカルティー・ディベロッパーは圧倒的に年齢が高く、白人で、女性であり、全体的な教員の人的構成とは連動していない (Trower, 2012)。 長い間、POD Network はディベロッパーの多様性グループをこの分野に巻き込むように尽力し、それは活発な常設の多様性委員会、旅費支給、研修への招待などに現れている。これらの努力は控えめな結果に留まっている。しかし、この分野の将来的な人的構成を考えたとき、異なってくる可能性がある。今回の調査で回答したディレクターの 48％が 55 歳以上であり、次の 10 年間では多様性グループの新しいディベロッパーやディレクターを活発に、意識的に雇用し、準備し、支援する機会が示されている。

　私たちは、この分野で女性が大勢を占め、有色人種が少数である理由が複数あると考えている。例えば、過去に FD のポジションは、テニュアトラックを経る伝統的なアカデミックキャリアを求めていない、機会が無い、選択肢が無い女性のための代替キャリアを提供していたのかもしれない。有色人種が少数であることに関し、異なる人種・民族グループに属する者にとっては、FD でのキャリアパスを十分に歓迎して受け入れられるものとは考えていなかったのかもしれない。特に白人がほとんどの大学では。実際に調査に回答した数少ないアフリカ系アメリカ人のディベロッパーの 75％は HBCU に属している。このような観察から、専門職特有の活動というよりも、大学の文化や雰囲気が有色人種教員にとって妨げになっているのではないかと思われる。今回の調査に回答した少数の非白人について、私たちは何の結論も提示することができない。私たちはただ、この分野の将来に重大な懸念を

持っていること、専門職の多様化に真剣に注意を払う必要があることを確認できるだけである。不平等の理由を十分に明らかにするためには、さらなる研究が必要である。しかしながら本書を通したエビデンスは、高等教育機関における学生集団と教員集団にますます増えつつある多様化に対して、ディベロッパーの専門性が必要となるという認識を支持している。

この分野に入ってくる個人の経歴にもっと着目することが、この専門職を多様化する一つの方法なのかもしれない（次の10年間での退職予定者を置き換えるための方法としても）。専門職への準備をする経歴の研究を拡充することが重要であろう（McDonald, 2010）。そうすることで、この分野に来た新しいディベロッパーにとって、彼らのキャリアの選択肢と機会が明確になり、彼らが必要とする専門的コンピテンシーが識別され、入口に入ることができ、好ましい社会化とサポートを見出すことができるだろう。私たちの今回の調査では、ファカルティー・ディベロッパーは主に教員出身であることが示されている。特にディレクターの35％は、現在のポジションの直近は教員のポジションにいた。上級レベルの管理者、プログラムコーディネーター、副ディレクター、授業コンサルタントといった他の職種の回答者もまた、同じような割合で教員から直接なっていることが示されている（表1.6）。もし教員のランクがFDの出自に関係するという批判的な見方があるとすれば、FD指導者だけでなく大学執行部が教員をターゲットにして、特に多様性グループから公式なFDの役割を担う機会を与えるという露骨な方法を考えるだろう。いくつかの大学では既に教員が、センターのフェローや上級アドバイザーを務める事例や学習コミュニティーやその他のプログラムでリーダー的役割を担う事例が出てきている。教員をこのような役割に位置付けたり関心を引いたりする大学の意志がより明白となり、FD分野に参入してくる教員を蓄積し、多様化する戦略があるのかもしれない。

外部資金団体（例えば、全米科学財団；NSFや、Andrew W. Mellon, Alfred P. Sloan, Teagleといった民間財団）の間では、授業改革とカリキュラム改革、授業方法改善、FD、学士課程教育を支える組織改編等に関心が高まっている。結果として、このような財団からの寄付金や、様々な専門分野（特に研究／博士大

学では STEM の分野が多い）の教員たちが FD プロジェクトや FD 活動に組み込まれつつある。

　歴史的には、ファカルティー・ディベロッパーは人文科学、社会科学、教育の分野の出身者が多かったが、FD における STEM 分野の関係者が近年、増加している。いくつかの大学では、STEM 研究者が草の根的な FD 計画のリーダーとなるだけでなく、FD センターの上級リーダーの役割を担いつつある。私たちは、STEM 教育の関心が高まる中で、より多くの科学者、エンジニア、技術系研究者、数学者がこの専門に入ってくるであろうと予想する。現在、これらの分野では男性が多数を占めているので、この分野で最も多い専門領域が移行するだけでなく、女性優位のバランスが再調整されるかもしれない。

　テクノロジー、アセスメント、脳科学、組織開発・変容の重要性が増す中で、この分野の新しいディベロッパーは幅広い知識とスキルを必要とすることだろう。新しいディベロッパーのもう一つの供給源として、高等教育、科学教育、インストラクショナルデザイン・開発、社会学、組織開発、コミュニケーションといった分野で、職業準備または学術を学ぶ博士課程プログラムがあるだろう。普段からの観察によれば、これらのプログラムを学ぶ博士課程学生の数が増えていることから、彼らの大学院での学業から FD のキャリアに直接入ることが、彼らの視野に入っていると信じている。これらの早期の専門職キャリアを蓄積し、励ますために、FD リーダーはインターンシップやその他の専門性を学ぶ機会を提供するために、博士課程プログラムと協力関係を築くことができるだろう。

　大学院から FD へのキャリアパスを構築する出世コースもしくは最低限の提案に対して、重要な警告がある。どの職位であれ現在のディベロッパーの中で、直近の職位が大学院生なのは僅か数パーセント（第 1 章の報告ではもっと少ない）に過ぎない。この調査結果は、授業コンサルタントや副ディレクターでさえ、大学院から直接センターに入った専門職であるか、教員になれなかったために昇進できない専門職かの二極化された分野が形成される危険性を示している。彼らには教員の相談対応、プログラム作成、学習コミュ

ニティーの促進、プログラムの効果測定に豊富な経験があるかもしれないが、ディレクター（または教学担当副学長補佐）の役割を受け入れるには不適格であるか、興味が無いだろう。この状況はFD分野のストレスを引き起こし、専門職としてのキャリアパスの魅力を減退させる可能性がある。

　名誉教授のファカルティー・ディベロッパーは、この専門職に出入りする別のグループとみなすことができる。歴史的に、ほとんどのディレクターは、静かに自分のセンターやPODネットワークから退職していく。ディベロッパー（特に、ディレクターや上級リーダー）の相当数が退職するか、教員に戻る中で、この分野の現職者は、名誉教授のファカルティー・ディベロッパーが提供できる知識、経験、知恵へのアクセスを維持する方法を考える必要がある。同時に、前のディレクターやディベロッパーの中には、退職したがらず、他の研究分野や、教育、管理職に移って中堅専門職になることに関心を抱く人もいるかもしれない。たとえFD活動に積極的でないにしても、そのような専門職がこの分野に関わり続けることが、大学のリーダーにとって戦略的に重要だと位置付けるべきである。これらの中堅専門職は、FDに馴染まない人たちにとって優等生であり伝達者となることができ、継続的な成長を唱え、支援する大事な職位となるかもしれない。名誉教授のファカルティー・ディベロッパーは、退職している、していないに関わらず、新しいディベロッパーのメンターとして、また同僚教員にFD活動の価値を伝える繋ぎ役としての役割を担うことであろう。

　先に記したとおり、PODネットワークは、組織として長年にわたり、ディベロッパーの多様性グループをこの分野に惹きつけるための活動を行ってきた。しかし今回の調査では、さらに多様化し、包含的になり、専門的な蓄積のある分野となって、増加しつつある多様な教員に対応できるよう、関与と努力を続けることの必要性が示された。2006年には、この分野の専門職化について強い懸念があることが分かり、大学院にプレFDプログラムをつくったり、新任・中堅・シニアレベルの専門職として期待される能力の一覧表をつくったりした。関係者は、FD業務に参入する際に教員がしばしば口にする"天性の感覚"を失いたくなかった。今回の調査で集められたコメン

トでは、専門職化に関する懸念を強く取り上げなかった（おそらく過去 10 年間において、大学院生からのキャリアパスが目に見えるほど現れていないためである）。しかしながら、（後の節で議論されるように）ネットワーク化され、エビデンスを重視した FD センターをリードするための一連の複雑なスキルが必要とされる中で、この分野は、学内における FD 活動をリードする新しい集団として現れる若手ディベロッパー、ディレクター、上級リーダーに必要とされるスキルに関連した意図的な関与から得るものが大きいだろう。この分野では、FD に出入りするキャリアパスのより詳細な研究が必要である。POD ネットワークはそのような研究にリーダーシップを発揮することができるであろう。また専門分野の学協会への積極的な働きかけや、キャリアの選択肢として FD を勧めることができるであろう。教育学習分野への最近の関心は、この働きかけを時機に適ったものにした。

　キャリアパスや、多様な専門職をこれらのキャリアパスに惹きつける方策に関する、より詳細な研究に強い要望がある。主要な問題点は次の通りである。

- この分野に、より多様な専門職集団を惹きつけ確保するために、センターとして、大学として、国として、どのような計画や戦略を考えているのか？
- エビデンス重視、かつ、ネットワーク化が進む FD センターでの業務を遂行、主導するため、これからの 10 年間で専門職に必要とされる能力と技能は何か？
- 現在のファカルティー・ディベロッパーのスキルを高めるため、また次世代のディベロッパーを育成するため、大学院プログラムとどのように連携するのか？
- この分野の多様化を支援し、ファカルティー・ディベロッパーが革新的、かつ実りあるキャリアを向上させるために、どのような研究が最も重要なのか？
- POD ネットワークは、現在実行中の取り組みを進めながら、専門職の多様化を支援するために、さらにどのような役割を担うべきなのか？
　POD ネットワークは、専門分野の学協会の同僚や、近年出現しつつあ

るSTEMセンターのリーダーに、FDがリーダーシップをとる機会での
幅広い協力関係に関心を持ってもらうために、どのような連携を行えば
よいのか？

2. 学識とアセスメントを実践に活かす

10年前、私たちは体系的かつ有意義な方法で情報を実践に伝えるために
学識を利用することをこの分野に促した。歴史的にファカルティー・ディベ
ロッパーは、教員のキャリアや職務に関連する理論や学術論文を参考にして
きた。その当時、推奨されたものは教育学習やFDの方法だけでなく、組織
変容と変革に役立つような学識とそれに関する専門知識を築き上げることが
求められた。私たちはまた、ディベロッパーが、より広いFD分野に普及さ
せるだけでなく、どのように彼らの研究を教員や大学執行部に普及できるか
を考えるように求められた。

今回の調査データでは、実践を伝える上での学識の役割への関心が目を見
張るように向上し、継続している。学生の学習成果アセスメントは、今後5
年間で、ディベロッパーが取り組むべき最上位事項に含まれている（表6.1）
ほか、次の10年間においてFDが進展するであろうと思われる最上位事項
に含まれている。第6章や第7章で示されたコメントは、将来に向けて、教
員が学生の学習をアセスメントすることを支援する伝統的な役割がますます
拡がるであろうというディベロッパーの思いが記されている。それらは、学
生の学習、授業、教育プログラムをアセスメントする組織的取り組みを支援
する必要性を示している。教育プログラムの効果のアセスメントを効率的な
ものにする必要性ということである。

ファカルティー・ディベロッパーは、エビデンスをもって実践を伝えてい
く重要性を認識する点において確かに孤独ではない。高等教育における教育
学習、FD、組織変容に関連した学識には、高等教育コミュニティー全体と
して相当な関心がある。専門分野別教育に関する研究（DBER）を行う研究者
は、学習や教育法の項目に特に焦点を当てながら当該専門分野を専門特化し

ようとする存在であり、彼らは、新しい観点や専門性をその分野にもたらしてきた。特に、DBER の研究者は、重要な教育・学習に関する事項のエビデンスの内容を深める研究（資金支援を伴うものがよくある）に、しばしば進んだ研究手法をもたらしてくれる。

　同時に、全米レベルの主要なリーダーや組織は、実践を伝えるエビデンスをより多く活用することを求めている。一つの例として、全米科学財団学士課程教育部（DUE）があり、そこでは、特に STEM 分野で、学部学生の学習支援の組織的向上のプロジェクトのために幅広く資金提供を行っている。DUE の職員は、資金援助したりリソースを提供したりしたプロジェクトにおいて実質的な研究や評価がデザインされ、それらのデザインが将来の受給者のモデルとなると期待している。もう一つの例としては、ティーグル財団が、リベラルアーツ・カレッジが学生やその他の支援者に対して学習目標、学習過程、学習成果が明らかになる一貫性があり、綿密に設計されたカリキュラムを構築するため、学習成果とアセスメントに関する資金を援助している。

　最近の各種出版物では、教育学習、FD や組織変容に関する実践に研究が役に立つことができ、役に立つべきであるということに注目が集まっている。例えば、

- *Discipline-Based Education Research: Understanding and Improving Learning in Undergraduate Science and Engineering* (Singer, Nielsen, & Schweingruber, 2012)

- *Reaching Students: What Research Says About Effective Instruction in Undergraduate Science and Engineering* (Kober, 2015)

によって広められたものであり、これらは学生のより深い学びを支援する戦略に関する教員向け実践的手引きを提供した。学習科学の研究では大きな進展があり、学生がどのように学ぶのかに焦点を当てた知見として、学習を阻む障壁や、最も効果的と思われる授業方法が示されつつある。そのような顕著な研究の一例として、いくつかの専門分野の知見から得られた以下のようなものがある。

- Ludviks（2016）*The Neuroscience of Learning and Development: Enhancing Creativity, Compassion, Critical Thinking, and Peace in Higher Education.*

　第7章で記したように、学生の経験を形づくる学習、教育、大学の環境に関する新しく、かつ有益な知見を提供する意義ある研究と連動して、FD の取り組みの効果に対するエビデンスの圧力から、私たちはこの新時代を私たち"エビデンスの時代"の新興期として性格付けてきた。この時代は、FD の実践におけるアセスメントの役割に関する課題や疑問だけでなく、刺激的な機会をもたらしてくれる。

　ファカルティー・ディベロッパーは普段、参加者数を数えたり、参加者からのアンケートデータを集めたりしているが、特段、際立ったアセスメントを行っているわけではない。調査やインタビューでのコメントでは、取り組みの効果のエビデンスを提供するものとして、ディレクターがかなりそれを重視していることがうかがえる。ディレクターはまた、彼らが知っているベストプラクティスに当たる綿密なアセスメントに取り組むことが課題であることに気付いている。アセスメント戦略に関する研究では、FD センターにとって共通の時間とリソースの制約の中での柔軟性が焦点となる。

　教員たちを SoTL に関与させることが、SoTL について十分な知識を持っているディベロッパーからの強い支援を行う方策の一つである。ディベロッパーはまた、教育実践と学生の学習に関する正規で、教員が吟味し、意義あるベンチマーキングやデータ収集への大学の関与を促すことができる。学生のモチベーションや達成感に関する教育実践の効果に関する研究は強力かつ首尾一貫しているので、ファカルティー・ディベロッパーは、どの授業方法が最も有効であるかを知っており、それゆえ、どのようなセンターの活動が大学内におけるエビデンスベースの手法の活用に影響があるかを注視することができる。

　これらの提案は、一定のリソースを備えた多くの大学類型のディベロッパーが取り組む方策を強化することになるが、教育学習のアセスメントに関する方策の中には、評価や研究のデザインにおいて、より洗練され、かつ高度な方法論による専門性が求められるものもある。そのような特別な、または追加的な専門性が必要とされるとき、ファカルティー・ディベロッパーは

自分の大学内や周辺地域で利用可能なリソースの開拓を考えることになるだろう。

　第7章で記したように、多くの専門分野の大学院生は自分の研究技術を実践したり、発表件数や論文掲載数を得る機会を歓迎したりするだろう。ディベロッパーもまた、実効性あるアセスメントプランを設計するため、キャンパス内の他部署を探して調整することができるだろう。関連する専門の教員や専門スタッフで、特別な役割に関心をもつ者をアセスメント・フェローとして位置付けている大学もいくつかある。"エビデンスの時代"は、アセスメント、評価、研究による知見と、学生、講師、大学のデータは、FD の実践や向上において決定的な役割を果たすであろう。次の主要な課題は、この分野への関心である。

- 大学が教育・学習におけるエビデンスベースの実践を支援する際に、ディベロッパーはどのように中心的な役割を果たすことができるのだろうか？
- ディベロッパーは、彼らが提供するプログラムの効果をどのような方法で、十分に、そして効果的に行うことができるのだろうか？
- 大学や教授会の中で戦略的意思決定を行う必要のある専門職や大学のリーダーにとって、どのような方法や戦略が最も望ましくかつ有効なのだろうか？
- この分野へ入ったばかりのファカルティー・ディベロッパーと経験豊富な者とがいて、"エビデンスの時代"において求められるアセスメントや評価におけるスキルや専門性を持っているということを、どのように確認することができるのだろうか？
- 学識とアセスメントによってメンバーたちの実践の改善を支援する上で、POD ネットワークの役割はどのようなものだろうか？

3．FD の視野を拡げる

2006 年に私たちは、ファカルティー・ディベロッパーが彼らの職務や彼

らが提供するサービスが目指す目標に最も関連する教育・学習の課題を明らかにした。私たちは、組織開発／大学開発、特に教育学習に効果を与えるような領域や、教員のキャリア全体を通した役割といった事項に関わる実践の範囲を拡げるように勧告した。私たちは FD のより広いビジョンに、教員が既に取り組んでいる職責に新しい責務を統合するような、教員の役割変化と彼らを支援する必要性を結び付けた。

　"ネットワークの時代"において、ファカルティー・ディベロッパーは、教員の活動への支援が行き届かない部分を特定し、それらに協力して対応するために他の部署とどのようにして協働することができるかについて考えるべきである。同様にファカルティー・ディベロッパーは、彼らのプログラムがどの程度、大学の使命に沿っていて、大学の使命を支援しているかを検証することができる。

　2006 年以来、教員の役割や大学から与えられる必須事項の範囲がかなり拡がってきた。私たちは、驚くべきスピードで拡がる教員の業務に効果がある一連のテクノロジー（例えば、教育学習を促すテクノロジー、ヴァーチャルな学術的連携のためのプラットフォーム、一般的なコミュニケーションのやりとり）をみてきた。オンラインでの学位取得が伝統的な大学において多くなってきており、オンライン教育を訓練していない、または関心がない教員がそれに取り組んだり、移行したりすることもしばしば見られる。

　この新しい教育の場での経験についての教員の認識に関する調査は多い。さらに、査読付き論文や外部資金獲得がますます競争的になり、研究／博士大学ではテニュアや昇進の主要な条件になってきている。また、この期待は、修士授与大学やリベラルアーツ・カレッジの中にも浸透しつつある。大学もまた、学生の学習成果をしっかりとアセスメントするよう求めるアクレディテーションの要件に対応して、授業やプログラムレベルでのアセスメントを行う教員と学科に対して高い期待をしている。

　私たちの今回の調査結果では、教育学習が依然としてファカルティー・ディベロッパーの中心任務であるが、それ以外の課題の重要性が増している事実も明らかにしている。表 4.1 では、現在提供されているトップ 10 のサービ

スのうち、教育学習(5項目)、教員の職務や研修(3項目)、教育や大学の改善
(2項目)が含まれている。このことは、私たちの前回の調査と対照的であり、
当時は教員や大学の幅広い課題の中でトップ10に含まれたのは、新任教員
研修と大学による学生の学習成果アセスメントの2項目だけであった。加え
て、ディレクターが拡充することに最も関心を持っているサービスは、教育
学習以外の教員の役割の課題が中心となっている。

　これらのサービスには異なるタイプの教員(非常勤や有期雇用)や異なる
キャリアステージ(中堅やシニア)のニーズに関わるものが含まれている。ディ
レクターもまた、教育や大学の改善(学科のリーダーシップや管理運営、学生の
学習成果アセスメント、授業／カリキュラム改革、一般教育改革；表5.3)を拡充す
る必要性を分かっている。ディベロッパーは何を優先すべきなのか、誰が支
援を必要としているのかについて、明らかにより幅広く考えている。

　今回の調査には、ファカルティー・ディベロッパーが彼らのセンターの中
で孤立して仕事しているということは無く、むしろ学内の他部署と連携し
ているというエビデンスもある。このことは後の節でより詳細に議論する。
ファカルティー・ディベロッパーは、テクノロジー室、学部長、学部長補佐
とのかなり幅広い連携がある一方で、アセスメント室、大学院、その他の多
様な部署との有効な連携がまだまだであることを回答している。このネット
ワーキングと連携は、大学類型やセンター構造と絡み合っている。私たちは
2006年のデータと比較して、そのような連携の増加を説明できるデータを
持っていないが、ディレクターが回答した提供サービスの範囲が、この10
年以上で増えていることが記録されている。

　ディベロッパーがサービスの範囲を拡げているというエビデンスがあるに
も関わらず、彼らはまだ、教員につながり、教育学習の課題に取り組むサー
ビスやアプローチを続けたいと強く考えている。ディベロッパーがこの分野
で最も緊急に取り組むべきと考えている領域は教育学習に強く関連しており、
また彼らが拡充したいと考えているアプローチは教員との仕事の拡大である
(例えば、教員学習コミュニティー (FLCs)、複数日の研修、ピア観察・フィードバッ
クなど)。自由記述の回答では、さらにFDを中心にした価値観や関係性を

維持しようとするだけでなく、ディベロッパーが新しく拡がる優先事項を受け入れるという意思が示されている。多くのディベロッパーから語られたコメントの中で最も説得力のあるものは以下である。

- 私は、1対1や小グループの繋がり——コンサルテーションや学習コミュニティー——の継続的な必要性があると思う。しかしFDの初期の時期から比べると、教員は非常に忙しく、生活のペースも大きく変わってきており、学習、教育、教員生活に関する個人間の繋がりや会話を維持することが一つの課題となり、センターはそれをどのようにするかを明確化する点において、もっと創造的になるべきではないだろうか。

次に掲げる重要な問いは、FDの取り組みがさらに拡がり、連携し、エビデンスベースに成長するという期待を抱かせる。

- ディベロッパーは、伝統的な責務や使命と、彼らの時間配分と専門性における新しい要求とのバランスを、どのようにしてとることができるのだろうか？
- センターのディレクターが彼らの時間配分と専門性に優先順位を付ける際に、どのような計画的戦略が役に立つのだろうか？
- 大学全体にサービスを提供するためにディベロッパーは、誰と、どのように、どの程度連携し、またどのようにすればそのような連携を拡げることができるのだろうか？
- FDの優先順位やリソースの活用に関する意思決定を、大学のニーズの分析や大学の多くのリソースと、どのようにすれば上手く結びつけることができるのだろうか？

4．教員と大学のニーズを結びつける

私たちは10年前、個人と大学のニーズを結び付けるためのFDの取り組みの必要性について議論した。そこでは、教員個人のニーズに焦点を当てること、教育者としての専門性を発揮しようとするための安心・安全の場の提

供を含めること、さらには大学のリーダーによって優先順位を付けられることには一定の葛藤があることが分かった。両方のニーズを理解することができて、自分の職務の中でバランスを保つことができるファカルティー・ディベロッパーが、大学の質、反応性、創造性、優秀性に良い影響を与えるよう、上手く位置付けられることを主張した。

　最初の調査から10年が経って、外部（法令、アクレディテーション機関、利益団体）からの圧力が、これらの多様な優先事項に対応するディベロッパーの能力に掛かってきている。2006年には、ファカルティー・ディベロッパーの仕事を導く最重要目標は教育、学習、教員の関心事項、すなわち「優れた教育実践の文化を創造し維持すること」や「教員個々の特定のニーズに対応すること」、「教育学習における新しい計画を前進させること」と結びついていた。私たちの今回の調査では、ファカルティー・ディベロッパーはこれらの目標との関与を再確認しているが、それらの目標の重要性が違っている。具体的には「優れた教育実践の文化を創造し維持すること」や「教育学習における新しい計画を前進させること」は依然として強く位置付けられているが、「教員個々の特定のニーズに対応すること」の重要性が低下した。ディベロッパーはまた、教員との同僚性を育むよりも、自分たちが大学内で変化の仲介者となることの方が優先度が高いとした（表2.1参照）。

　これらの目標の変化は、ディベロッパーが教員個々への関与を放棄していることを意味しない。彼らが提供していると回答したサービスには、個人的なことと大学の課題がバランスよい範囲で含まれている。ディベロッパーが拡大したい優先事項は、非常勤、有期雇用、中堅／シニア教員のための支援など、個人と大学のニーズが交錯する領域を間違いなく含んでいる。教員個人のニーズに柔軟に対応し、リソースを使いやすくし、教育者と研究者としての再生や成長を支援することは、その大学を強化し、その大学の主要な目標を支援することになる。同時に、「科目改革／カリキュラム改革」、「学科レベルのリーダーシップ」は、教員個々の職場環境を強化することになる。

　ディベロッパーは、オンラインリソースやウェブベースのプログラムを通して、多くの教員（特に非常勤教員）に届けられる、より創造的な方法をつく

り上げる必要性を認識しながら、同時に1対1によるコンサルテーションや教員との個人的関係づくりを続ける努力を示した。自分たちのプログラムの効果を評価する際に、参加者個人からのフィードバックに注目して、ニーズ評価やプログラム改善に役立ててきたが、その一方で自分たちの効果を表すために大学のステークホルダーに対するコミュニケーションの一部として、そのようなフィードバックを報告している。

　私たちはこれからの10年間で、この分野が進展するにつれて、これら潜在的で競争的な関係のバランスがとれるようになるし、とれるようになるべきであると信じている。リソースのより少ないセンターのディレクターは、教員や大学の全ての優先事項を満たすために他部署との連携を積極的に探りながら、自分たちの専門性やバックグラウンドに基づいて提供できるサービスを注意深く選択することだろう。センターのリソースをどこに集約し、どこと連携するかの戦略的意思決定が、効果的なFD業務の特徴の一つとなるであろう。ディレクターたちは、どの組織モデルが自分たち特有の状況に最適なのか考える必要があるだろう。この優先順位付けや連携の必要性は、センターのリーダーに対する以下の疑問を示している。

- ディベロッパーが教員個人のニーズと大学全体のニーズの優先順位付けをする際に、最も良い戦略的アプローチは、どのようなものだろうか？
- ディベロッパーが自分の専門性や能力を評価する際に、最も良い省察的アプローチは、どのようなものだろうか？またディベロッパーはどのようにして、これらをセンターや大学のニーズと結びつけることができるのだろうか？
- 多様な期待とニーズのバランスを保つために優先順位や目標を設定する際に、センターのリーダーは、どのような方法で大学のリーダーたちを関わらせることができるのだろうか？
- 教員の職務に関連する大学全体の目標を支援するため、センターのスタッフはどのようにして他部署のリーダー達と結びつき、計画立案や連携に関わらせることができるのだろうか。

5．大学の属性は依然として重要である

　前回の私たちの調査では、大学類型（研究／博士大学、総合大学、リベラルアー
ツ・カレッジ、コミュニティー・カレッジ）は、ファカルティー・ディベロッパー
が関わる様々な目標、構造、課題を理解するために重要であることを明らか
にした。大学の管理職者が何を評価するのか、教員の職務の構成、さらには
ディベロッパーが重視していることは、大学の規模、使命、リソース、教員
の構成、学生数、研究の優秀性と一致している。この調査ではディベロッパー
が既に認識していることが実証された。すなわち FD は汎用的ではなく、そ
の未来を単一の見方で展望することは難しいということである。

　2006 年に、全ての大学類型の共通事項として FD の 3 つの優先目標が明ら
かとなった。すなわち、「優れた教育実践の文化を創造すること」、「教員個々
の専門職開発のための目標を支援し対応すること」、「教育・学習における新
しい計画を進めること」である。対照的に、FD に関する組織構造、実践の波及、
サービスによって解決される課題、さらには将来の方向性は、大学類型によっ
てかなり多様である。私たちは、最も広く認知されたモデル、研究、実践が
大規模な研究／博士大学で行われているものであることに注意するとともに、
総合大学、リベラルアーツ・カレッジ、コミュニティー・カレッジの教育セ
ンターの活動に、より注目するように促した。また私たちは、カナダのセン
ターやファカルティー・ディベロッパーの活動に対する知識と比べて、アメ
リカの大学の知識には確かに精通していた。

　今回の調査では 10 年前よりも一層、同一性の傾向が強まっていることが
示されている。全ての大学類型にわたり、FD の形式的な構造（教員の委員会
や兼務教員ではなくセンターや管理職者）がかなり増えてきていることと報告さ
れており、それはリベラルアーツ・カレッジやコミュニティー・カレッジに
おいて最も顕著であった（表 3.1 参照）。

　また全ての大学類型で、ディベロッパーは取り組もうとする主要な課題や、
提供するサービスで使うアプローチの観点では、似たような関心を示してい
る（表 4.1、5.1 参照）。同時に、大学類型によりニュアンスや区別は残っている。

センターの優先目標は10年前よりも大学類型によって違いが拡がっており、リベラルアーツ・カレッジとコミュニティー・カレッジのディベロッパーは教員の関心事項や大学のニーズを支援するセンターの目標を多数明示している一方で、研究／博士大学と総合大学では大学の変化に対応した目標は少なくなっている（表2.2参照）。

　異なる大学類型でのセンターのプロフィールは、スタッフのレベルや予算規模の観点から、また興味深い点で違いがある。全ての大学類型でセンターはリソースの縮減に直面しているが（特に総合大学で；表3.5参照）、予算やスタッフはさまざまであり、そのパターンは識別可能である。また異なる大学類型のディレクターたちが、大学の使命に関連した追加的プログラム資金や、特定の外部資金（例えばリベラルアーツ・カレッジのディレクターによる民間財団への資金申請や研究／博士大学のディレクターによる連邦補助金への申請）の獲得について報告している。

　私たちのデータを、より大きな高等教育の視野に拡げてみると、過去10年以上にわたり、大学の属性に沿って、FDにより多くの関心が寄せられてきた。PODネットワークでの特定のテーマグループでは、大学類型別で組織されたグループ（POD小規模カレッジ委員会など）には活動が活発なものもある。現在のFDを最も先導している分科会は大学類型別で組織され（Gillespie & Robertson, 2010）、研究大学や小規模カレッジの教育センターに関する最新の出版物は、知識基盤全体に上乗せされている（Cook & Kaplan, 2011; Reder, 2014）。また、SoTL（例えばInternational Society for the Scholarship of Teaching and Learning Conference）への国際的な関心や、地区別の教育系会議やコンソーシアム（例えばLilly Conferences on College Teaching）の有効性は、多様な大学の教員に声を届け、彼らを結びつけている。これらの動向の力強い相乗効果は恐るべきものがあり、私たちは、PODネットワークが広報の努力、合同会議、雑誌の特集号を通して、それらの潜在的な相乗効果をうまく結びつける包容力を持っていると信じている。私たちはまた、今回の調査結果、特にコミュニティー・カレッジやカナダの大学のファカルティー・ディベロッパーからの結果をさらに分析し、解釈することを歓迎する。

　全ての大学類型で、管理職者たちは教員の専門性開発の機会の必要性をますます認識しており、これら管理職者の多くが FD と繋がるバックグラウンドを持っている。全ての大学類型で FD が、センターや指名された教員を通して制度化され、教育の改善や学生の学習成果の向上を支援するための戦略的手段として見なされることによって、ディベロッパーは追加的な職務として位置付けられるかもしれない（「センターはその点を大切に扱うことができる」）。どの大学類型のセンターでも、不測の職務群が発生し、使命や焦点がぼやけてしまうといった、潜在的な課題に直面するという可能性がある。また FD がより中心的プログラムとなることにより、自律性がいくらか失われるかもしれない。その自律性とは、ある分野の研究者が欄外に書いてあるものを参照するような肯定的な面のことである (Schroeder, 2010)。現在、全ての大学類型でそれぞれのセンターが注目を浴びているため、大学が進める計画や効果を測るエビデンスのための要求を先取りしていく必要があるだろう。中心的役割と影響力は、信頼性と説明責任とのトレードオフである。次の 10 年間において、全ての大学類型のディレクターは、さらにセンターと密接に計画立案をすることになる。

　予算の制約は、全ての大学類型で重要な課題として残っている（表 3.6 参照）。センターによっては、外部資金を獲得しようとしたり、特別なプロジェクトに関わったり、他部署との経費分担を求めたりしている。資金調達は全ての大学において重要であるが、総合大学やコミュニティー・カレッジのディレクターは最も予算状況が制約されていると報告しており、補助金獲得や他の起業的活動を支援するためのリソースも限定されていることが多い。過去には、センターのディレクターは、資金の流れや予算、どのように財団と交渉するか、そして外部資金や学内の特別プロジェクト資金を申請するかについての知識や検討する能力に精通していることは期待されていなかった。将来において、これらはおそらく必須のスキルとして位置付けられるだろう。

　大学の属性に関するいくつかの重要な課題が、さらに考えるべき事項を招いている。

166

- FD の優先事項や戦略は、どのように決められるようになるのだろうか？それは大学類型で違うのだろうか？これらの動きは、彼らを成功に導くのに必要とされるスキルにとって、どのような意味があるのだろうか？
- POD ネットワークは、FD を形づくる大学属性の特殊性の重要性に関する現在進めている研究や認識を進める一方で、ディベロッパーのために、どのように全ての大学属性に関する課題や責任を用意することができるのだろうか？
- ファカルティー・ディベロッパーは、どのようにして財務管理、資金交渉、補助金申請に関する訓練を求めるのであろうか。この比較的新しい分野におけるディベロッパーへの支援において、POD ネットワークにはどのような責任があるのだろうか？

6. 教員の多様性の定義を拡げる

2006 年の調査で私たちは、多様な形態の教員メンバー（若手、中堅、シニアの教員、テニュアトラックとテニュアの教員、ノンテニュア教員、臨時教員、非常勤教員、補助教員、有色教員、外国人教員、学科長など）へのサービス提供の範囲について、ファカルティー・ディベロッパーたちに一連の質問を投げかけた。私たちの質問は、教員や学生の多様性の増加と、多文化組織としての FD 団体の成長への影響に焦点を当てていた。それらの質問の多くが、依然として関連性があり、この章の随所で言及されている。

私たちの今回の調査からの知見では、過去 10 年以上にわたり、アカデミックキャリアの段階や教員としての任用形態に私たちは注目してきた。例えば FD のプログラムがサービスを提供しているものとして最も多いのは、新任教員研修やオリエンテーションである。新任教員や若手教員プログラムはまた、教育センターにおける重要なサービスのトップ項目ともなっている（表 4.1、4.2 参照）。

さらに少なくともある程度、ファカルティー・ディベロッパーはマイノリティー教員対象のメンタリングプログラム、非常勤教員・補助教員・有期雇

用教員対象のオリエンテーション、そして中堅／シニア教員対象の専門性開発の機会を提供している（表 4.1 参照）。

　今回の知見では、ディレクターは彼らのセンターがこれらの顧客層、特に中堅／シニア教員、マイノリティー教員、学科リーダー予備群、非常勤・補助教員に、より接触してサービスを提供すべきであると考えていることが明らかになっている。そのようなプログラムの事例は、第 4 章や第 5 章においてディベロッパーが重視するサービスと方法の中に示されている。

　ディベロッパーが任用形態に大きな幅のある教員たちの支援にかける努力には相当の理由がある。というのは、今日の教員の約 4 分の 3 がテニュアトラックではないという現実がある。特に非常勤講師の中には、多くの教育面の課題や FD の課題に直面しているが、特定の大学類型では教育実践が限られていたり皆無であったりして、学生指導や相談に関するオフィスアワーがほとんどないことも多い。そして特徴的には、学習目標や、授業時間外課題、教科書選択に関する大学での議論に関する情報もほとんどない (Kezar, 2012)。最近の研究では、補助教員、非常勤教員、その他の臨時教員メンバーの FD へのアクセスが限定的であると報告されている (Eagan, Stolzenberg, Lozano, Aragon, Suchard, & Hurtado, 2014)。これらの教員たちは教育への強い関心や専門職能開発への意欲を示しているが、彼らが専門職能開発を受けられる機会は最小限でしかないと考えている。このような理由から、今回の調査においてディベロッパーたちは、高品質の非同期オンラインプログラムやウェビナー、ウェブベースのリソースをセンターのポートフォリオに置いて、いつでも幅広く使える FD の方法を加えていくことに関心を示している。

　過去 10 年間で、大学レベルだけでなく国レベルでも、未来の大学教員に対する専門職能開発への関心や対応が増加したことも確かである。全米を見渡して一つの例を挙げると、研究教育学習統合センター（Center for the Integration of Research, Teaching, and Learning; CIRTL; www.cirtl.net）があり、その使命は、STEM 分野（理工系）の博士課程学生が、多様な学生の学習を促すための知識やスキルを身に付けるように準備することである。CIRTL は 46 の加盟大学と、加盟大学の学習コミュニティーで学ぶ博士課程学生に開かれた専門職能

開発を提供しており、その中には教育戦略に関する MOOCs（大規模公開オンライン授業）やオンラインワークショップを含んでいる。全米において、未来の大学教員への準備の関心は教育センターに位置付けられることが多く、そうでない場合でもファカルティー・ディベロッパーは大学院や学部と連携して活動している。

　教員のキャリアの終着点にもまた注視が向けられている。多くの教員は退職後も自分が属していた大学と関係を保ちたいと願っている。問題点としては、特に教員の知的・社会的なコミュニティーとのつながりについて、退職という転機を超えて継続性を保つための足場をいかに提供できるかにある（Baldwin & Zeig, 2012）。教育センターが1年目の教員のメンタリングやセミナープログラムに関わるのと同じ方法で、退職期に備えたメンタリングプログラムや、名誉教授学習コミュニティーへの支援やアドバイスの提供が求められるかもしれない。管理職者たちは、シニア教員のニーズと同様に、自分たち自身にあった戦略を見つけ出さなければならないだろう。特に研究能力の高齢化や、強制的な退職年齢が無いこと、伝統的に 65 歳で退職することを不本意に感じている教員が増えていることである（Van Ummersen, McLaughlin, & Duranieau, 2014）。既に、この第五世代の教員の存在を認識している大学もあり、そこでは退職や教員のアイデンティティーの大転換に対する態勢を整えている。

　教員の幅広い任用形態やキャリアステージへの対応に加えて、ディベロッパーは教員の多様性をいかに強化するかについて考え続けていく必要がある。Bierwart（2012）の多様性の章では、教育センターが多様性の活動に最も貢献することができる 6 つの意義ある方法が掲げられている。その章ではまた、多文化の FD 活動の効果を分析するための有用なテンプレートも書かれている。その他のファカルティー・ディベロッパーによる著書には、多様性を拡げることができる実践をさらに強調したものがある。教育、学習、FD における多様性の学術書の例としては、以下のようなものがある。

- *Black Faculty in the Academy: Narratives for Negotiating Identity and Achieving Career Success*（Bonner, Marbley, Tuitt, Robinson, Banda, & Hughes, 2014）；

- *Cultural Diversity and Education: Foundations, Curriculum, and Teaching*（Banks, 2015）;
- *Diversity and Motivation: Culturally Responsive Teaching in College*（Ginsberg & Wlodkowski, 2009）;
- *Teaching for Diversity and Social Justice*（Adams & Bell, 2016）;
- *Mentoring Faculty of Color: Essays on Professional Development and Advancement in Colleges and Universities*（Mack, Watson, & Camacho, 2012）;
- *Scholarship of Multicultural Teaching and Learning*（Kaplan & Miller, 2007）

　任用形態、キャリアステージ、多様性といった方向性におけるセンターの焦点の拡大は全て、センターのディレクターによる思慮深い探索、開発、リソースの評価に有効となるであろう。ファカルティー・ディベロッパーや教育センターに対する疑問には、次のようなものがある。

- ディベロッパーたちは、どのようにして大学における多様な構成員のニーズを確認し、対応することができるのだろうか？
- 特定の教員グループやあらゆる多様性グループ（例えば、有色教員、新任・中堅・シニア教員、異なる専門分野、非常勤や有期雇用教員など）を支援するために、センターにどのような新しいリソースが必要なのだろうか？
- 教員たちの多様性に全て対応するためには、どのような構成、サービスや方法が、その大学の属性に一番合っているのだろうか？多様な教員を支援するという大きな目的を達成するために、センターは他部署とどのような連携をつくることができるのだろうか？
- センターは、どのような方法で大学全体の多文化学習を促す知識やスキル、価値を具体化して反映させることができるのだろうか？
- 多文化組織としての POD ネットワークの成長にとって、多様な教員集団と学生集団の増加はどのような意味があるのだろうか？

7．FD を全員の活動にする

　10 年前、私たちの前書 (Sorcinelli et al., 2006) を締めくくるに当たり、私たちはキャンパス全体に対して FD を戦略的に重要な職務と見なしてもらうことや、全ての部署の同僚たちの能力が必要であることなど、FD に責任がある人たちの視野を拡げることを求めた。私たちは、教員の職務やその職務への大学の支援は、学生課、大学院、研究室やアセスメント室といった部署から投入されることが必要であることを提示した。

　私たちはファカルティー・ディベロッパーの役割を、幅広いリソースを理解して、教員に教えることができるリソースの専門家またはコーディネーターなのではないかと考えた。FD がより広い大学の中心的役割として位置付けられる必要があることを認識して、私たちはこの分野が“ネットワークの時代”に突入したと主張した。私たちはまた、大学の目標を達成するのに戦略的に重要である協働的なコミュニティー活動を促進する役割を、ファカルティー・ディベロッパーが担うようになることを求めた。

　それ以降の年月で、FD が共同所有される方向に動くだろうという私たちの予見が裏付けられた。全ての大学類型のディレクターの半数以上が、テクノロジーセンター、学部長、図書館、アセスメント室との連携について報告した。それほどでもないが記録すべき連携は、コミュニティー／サービスラーニングセンター、ライティングセンター、多様性・多文化室、TA 研修プログラムとの間で行われてきた。ディレクターたちはまた、これらの中に独自の教員個人を対象とした支援やプログラムを提供している部署があることを報告している。

　ネットワークは、“エビデンスの時代”でも依然として重要である。実際に目標共有におけるネットワーキング、連携、コミュニティーづくりは、大学が様々なステークホルダーから、学生の学習を支援するための関与を高め、それらの努力の効果のエビデンスを提供するように求められることよりも重要である。大学のリーダーたちは、部署間連携が密接となり、比喩的に“キャンパスの格納庫”と言われるような強い力が弱められる新しい組織のメカニ

ズムや文化的規範を求めていると、私たちは聞いてきた。

　新しい文化を創り上げたいと考える人たちは、部署や個人と相互に支援し合う目標とを繋ぐ架け橋や道筋、隣人、コミュニティーを求めている。Bryk, Gomez, Grunow & LeMahieu（2015）は、ネットワークの効果や教育改善のためのネットワークの活用方策を調査した。そのような研究では、深い学びや学生を成功に導く大学の改革が、キャンパス全体やキャンパスを超えての多様な情報源から得られるインプットや支援、協働的取り組みが必要であることを示した。

　これに関連して、私たちは、FD を全員の職務として取り組むべき、新たな責任とすることを求めた。もし大学が教員たちの成長と開発、成功を支援するためにあらゆるリソースを利用するなら、教育の優秀性という彼らの目標に合致する最適な状況になるだろう。そのためこの調査でディベロッパーが最も緊急であると見なした目標を達成するには、多くの部署からの専門性や知識が必要とされる。ライティングセンター、インターナショナルオフィス、学生健康・カウンセリングセンター、図書館、教育テクノロジー、大学院、学生課などの同僚たちは、FD を進めることに貢献できる潜在的な味方である。

　数 10 年前、Gaff（1975）は、その最終分析において、FD プログラムは学生の学習に対する効果によって判断されるであろうと指摘した。学生は FD プログラムによる変容の受取人であるから、学生は FD プログラムにもっと中心的に含まれるべきである。学生はカリキュラムや授業方法を評価する専門家ではないが、彼らは自分自身の経験の専門家である。そのようなパートナーシップが、学生の成功に新鮮な視点を提供し、教員だけでなく学生に関わる部署にも持ち込まれ、そうした多様なコミュニティーの間での関係をつくることができる。

　ファカルティー・ディベロッパーは“エビデンスの時代”に生じた課題だけでなく、“ネットワークの時代”で現れた課題にも対応し続けているため、刺激的な難問に直面している。最も興味深い関心は、協働モデルと連携モデルのどちらが有望なのかである。一つの方法は、教育・学習センターを他の

多くの部署がスポークで繋がった車輪のハブとみなすことであろう。この方法では、FD センターはコンシェルジュの役割を担い、教員のニーズや関心の決定を支援し、そしてキャンパス内の最適なリソースにつなげる。もう一つの方法は、教育・学習センターを関連するリソースとの緩やかなネットワークの中での同等のパートナーとして見なして、教育・学習担当副学長補佐の配下に位置付けることである。このモデルは、特に大規模大学において頻繁に見られ、拡がっている。

　特定のニーズや関心に関わる、非中心的な専門センターの開発が大規模大学で増えているもう一つの傾向である。理工学系や単科カレッジにあるセンターは、こうした傾向の最も顕著な例である。伝統的な教育・学習センターとは別に、あるいは隣り合わせで活動するのかもしれないが、彼ら自身の課題があり、ディレクターとスタッフを備えている。このアプローチでは、専門領域教育研究（DBER）の専門家や、増加傾向にある STEM（理工系）分野の教員を教育革新に関する意義あるプロジェクトに当たらせている。そのような STEM 関連のセンターは、STEM Central と呼ばれる組織を通して支援を得ることができる。STEM Central の使命は、アメリカの学部レベルの STEM 教育を改善し革新するために活動するコミュニティーのネットワークやリソースのデータベース（STEM Central, 出版年不明, 段落1）を提供することにある。STEM Central のウェブサイトは、「教育者、科学者、管理職、学生支援専門家、資金提供者、評価者を巻き込んだ、コミュニティーベースのアプローチを強調している」（段落1）。

　これらの各種モデルは、教育・学習への大学の注目を拡げ、教員を教育者として支援し、教員が大学の変革の仲介者となることを促す可能性を提供している。これらのモデルの強みと限界は各大学の属性の違いによるものであり、今後数年間で研究と評価をする必要が残されている。構造に関する疑問に加えて、関連した様々な疑問も検討するに値する。

- FD がより連携的で、協働的で、ネットワーク的なものになってくると、どのような種類のリーダーシップの問題に注意する必要があるのだろうか？

- 次の世代のディベロッパーは、“ネットワークの時代”と“エビデンスの時代”で活動するために、どのように最善の準備をすべきなのだろうか？
- ネットワークや連携の世界に入ってくる人たちにとって、どのような個人的な展望、専門分野の専門性、経験による背景が、彼らを専門的優秀性に導くのだろうか？
- POD ネットワークは、学内他部署の人々が参加する全米規模の他の学協会との対話を通して、キャンパス内の他部署との FD の協働をどのように支援することができるのだろうか？

8．総括的考察

　2006 年の調査での知見は、FD が大学の優秀性を確かなものとするのに決定的に重要な手段であるという私たちの信念を検証した。私たちは、高等教育の属性が変化し、教員が新しい役割や責任を引き受けたとき、FD の専門家や上級指導者たちが大学の状況の中で FD の位置づけの問題に取り組んできたことを私たちは観察した。将来において、FD が有益ではあるが周縁的な資源となるのか、それとも教員個人の成長や大学の質、健全性、優秀性をつくる中心的な方法として概念化され組織されるのかという問いかけを行った。

　今回の調査に基づいて私たちは、FD が現在、教育・学習のための重要な支援として、そして高等教育機関の変容のための主要な手段として、より中心的に広く認識されていると結論付けたい。私たちはこの結論を、本書に詳述した私たちの研究からだけではなく、私たちの所属大学での実践や全国の同僚たちとの活動を通して導き出している。私たちは、キャンパスの内外で様々な活動をするファカルティー・ディベロッパーを見ている。具体的には、全米科学財団、連邦教育省、民間財団による補助金プロジェクトの研究代表者または副代表者や、教員への支援をさらに強化したいと考える他大学の管理職に対するコンサルタント、さらには学生の成功や教室建設プロジェクト、一般教育改革、テニュア・昇任の方針や教育テクノロジーの運用に焦点を当

てた学際的な変革チームにおいて活動を行っている。

　私たちが本書を仕上げるようとしているとき、ハーバード大学が主催し、スローン財団が協賛した Defining the New Normal という会議に Austin と Sorcinelli が出席した。この会議の目的は、高等教育における新しい標準の定義――大学の教育実践が、人々の学び方に関する私たちの知識と一致する未来――を作成し、新しい標準に向かうための変革のロードマップを特定しようというものであった (Slakey & Gobstein, 2015)。

　このイベントで意義深かったことは、教育・学習センターのディレクターやスタッフが単に会議に招かれたのではなく、彼らが会議の議題や対話の中心であったということである。この会議は異なるグループ――Ivy Plus (アイビーリーグ 8 校＋数校) の教育学習センターのディレクターたち、アメリカ大学協会、the Bay View Alliance、教育学習統合センター (CIRTL)、大学院協議会を含む、多様な大学類型の高等教育改革を志すコミュニティーの代表者たち、全米科学財団 (NSF)、アンドリュー .W. メロン財団、ハワード・ヒューズ医学研究所、Teagle 財団の代表たち――が一堂に会した。また、概念化された新しい標準を実現するための課題や機会に関する見解を共有した、さまざまな管理的役割を担う教員も含まれていた。

　その場で行われた議論は、私たちがこの章を通して論じてきた傾向や特徴、問いの要点を確認させるものであった。構想された新しい標準は、学生、教員、FD に焦点を当てるものであった。それは正課外と正課の空間を橋渡しし、生涯にわたる学習の足場づくりを行い、学生を知の協働者や学生自身の学習の仲介者に転換することによって、学生をより意図的にし、繋げ、関与させるようにすることであろう。新しい標準は、省察的かつ意欲的な教育、授業の継続的改善のためのアセスメント、テニュアや昇進に有益な教育評価に関わる多様な教員を完全に受け入れることであろう。そして、教員と管理職の間の共有された対話や、幅広いステークホルダーとのパートナーシップ、教育を測定し評価する報奨制度、大学全体での世代を超えたメンタリングを含むであろう。

　新しい標準における FD は、ネットワーク、コミュニティー、連合とハブを構築していくことであろう。ディベロッパーは状況を察知して人々を集わせ、目に見えるようにする取りまとめ役であり、情報収集者、調査者になるだろう。エビデンスベースの実践に研究や関連する学識を翻訳して伝える者であり、大学指導部や教員の関心を解釈する者、またグループ間の共通項を見出す者としての役割を担うであろう。新しい標準における教育センターは車庫のようなものであり、それは教員を修理する場所ではなく、初期のアップルコンピューターを開発したジョブズ、ウォズニアックらのスピリットが詰まったガレージのイメージである。すなわち、創造的な教員たちが集まってリスクを取り、革新し、教育環境を変革しようとする場所である。

　この新しい標準のビジョンに近づく方法が、今回の調査から明らかとなった、成熟した"ネットワークの時代"や"エビデンスの時代"に代表される、FD の実践、優先事項、喫緊の課題に関する私たちの記述と嚙み合っていることに驚いた。次の 10 年に向けて動き出す時、この新しい標準を構築するためにファカルティー・ディベロッパーはどのような支援をするのだろうか？考えるべき最後の問いを提示する。

- キャンパス内での教育・学習を構成する部門や階層を組み立てるために、ファカルティー・ディベロッパーはどのような支援をするのだろうか？
- FD がさらに幅広いパートナーと連携するとき、ディベロッパーは自分たちの役割をどのように交渉していくのだろうか？いつ自分がリードするのか、いつ協働するのか、いつ他者のリードに従うのか？
- 新しい標準において重要視される目的がファカルティ・ディベロッパーを変化の仲介者として位置付けるものであれば、どのようにすれば、彼らは管理職の侍女としてではなく、教員の擁護者として受け入れられ続けるのだろうか？
- 優れた教育の質を定義してそれを測定するために——個人レベル、学科レベル、大学レベルで——、教育・学習センターはどのような役割を果たすべきであろうか？教育の質に関するエビデンスを提供する上で、センターの役割はどうあるべきなのか。

- 学生の成績、相互評価、自己省察の妥当性や信頼性、さらには教育学習のアセスメントにおいて教員と学生の貢献度を調整して測定する困難さに関する現在の疑問に対して、センターはどのように対応するのだろうか？
- ディベロッパーは、どのように教育実践の評価を信憑性のあるものとし、教員に受け入れられるフィードバックをどのように行うのだろうか？

POD ネットワークのほか、FD を視野に入れた専門職団体が増え続ける中で、私たちは次のような問いかけをして、この章を閉じたい。
- ディベロッパーが地域レベルで、全国レベルで、地球レベルで、高度なネットワークとエビデンスベースの環境におけるディベロッパーの活動の中で、何が最も重要な組織的優先事項となるのだろうか？
- 次の 10 年に高等教育がもたらすであろう変化の課題に対処するための能力を構築する上で、メンバーにとって最も有益なのはどの任務——会員数の増加、ネットワークやメンタリングの機会、会議、出版——が優先事項なのだろうか。

この章を通して提示したこれらの問いは、高等教育機関における FD の中心性や関連性を高める基盤を確立した“ネットワーク時代”の成熟期、またディベロッパーが教育、学習、教員の職務を概念化し、定義し、実行し、支援し、評価し、改善する方法を形成する際にリードする役割がますます高まってくる可能性に溢れた“エビデンスの時代”を示している。私たちは、FD の分野にわくわくする未来があることを信じており、国内外の同僚たちと一緒に、これらの疑問に回答する方法を探求し、来るべき時代の FD をつくり上げることを楽しみにしている。

附録A　質問用紙

1．同意事項に関する質問(オンライン版)

2．あなたの職名／役割を、次の中からいくつでも選んでください。
□ディレクター（センター長、機構長、委員長など）
□プログラムコーディネーター
□上級管理職
□FD 担当教員
□副センター長・部門長
□技術系担当スタッフ
□インストラクショナル・デザイナー
□その他〔　　　　　　　　　　　　　　　　　　　〕

3．あなたの、主たる職名／役割を、次の中から**1つだけ**選んでください。
□ディレクター（センター長、機構長、委員長など）
□プログラムコーディネーター
□上級管理職
□FD 担当教員
□副センター長・部門長
□技術系担当スタッフ
□インストラクショナル・デザイナー
□その他〔　　　　　　　　　　　　　　　　　　　〕

4．もしあなたが教員なら、研究分野を記入してください。

_____

5．あなたの現在の役職の直前についていた役職をお答えください。
□ディレクター（センター長、機構長、委員長など）

□プログラムコーディネーター
□上級管理職
□ FD 担当教員
□副ディレクター・部門長
□技術系担当スタッフ
□インストラクショナル・デザイナー
□その他〔　　　　　　　　　　　　　　〕

6．あなたはFD担当者として何年務めているかお答えください。
　　全体で　　　　　　＿＿＿＿＿年
　　現在の大学で　　＿＿＿＿＿年

7．あなたの性別についてお答えください。
　□男性
　□女性
　□非回答

8．あなたの人種・民族についてお答えください。
　□ネイティブ・アメリカン／アラスカ
　□アジア
　□黒人・アフリカ系アメリカ人
　□ネイティブ・ハワイ／太平洋諸島
　□白人・コーカソイド
　□その他〔　　　　　　　　　　　　〕
　□非回答

9．あなたの年齢についてお答えください。
　□ 24 歳以下
　□ 25-29 歳

□ 30-34 歳

□ 35-39 歳

□ 40-44 歳

□ 45-49 歳

□ 50-54 歳

□ 55-59 歳

□ 60-64 歳

□ 65 歳以上

□非回答

10. あなたの最終学歴をお答えください。

□短期大学士

□学士

□修士

□博士

□その他

11. 最終学位の分野を以下に記入してください。

_____

12. あなたの大学を最も的確に表している大学分類は、以下のどれですか？

□短期大学／コミュニティー・カレッジ／技術専門学校

□学士大学

□修士大学

□研究／博士大学

□専門大学 (医科大学など)

□民族大学 (ネイティブ・アメリカン)

□その他〔　　　　　　　　　　　　　　〕

13. あなたの所属機関のタイプを以下からお答えください。

□私立・営利

□私立・非営利

□公立

14. あなたの大学は、どこにありますか？

□アメリカ

□カナダ

□その他〔　　　　　　　　　　〕

15. あなたの大学は、どれに最も当てはまりますか？

□歴史的黒人大学（HBCU）

□少数者対象の大学

□その他〔　　　　　　　　　　〕

□これらのどれでも無い

**設問 16-33 は、ディレクター（センター長、機構長、委員長など）が回答をし
てください。**

16. あなたの大学の FD 活動にもっとも近いものを以下から**1つ**お答えくだ
さい。

□大学全体のプログラムを統括・後援するが、センター独自のプログラム
は少ない

□委員会による FD 活動の支援

□個々の教員や管理職者に対する FD 活動の支援

□専門スタッフによる中央集権システム

□全学的な FD 組織がある

□その他（　　　　　　　　　　　　）

17. あなたの大学の FD 組織は設置されて何年になりますか？

□ 0-11 か月
□ 1-2 年
□ 3-5 年
□ 6-10 年
□ 11-20 年
□ 20 年以上　⇒ (　　　　　) 年

18. あなたの大学の FD 組織のスタッフ内訳（人数（フルタイム換算））をお答えください。

	フルタイム換算の人数
ディレクター（センター長、機構長、委員長など）	＿＿＿＿＿＿ 人
副ディレクター、部門長	＿＿＿＿＿＿ 人
教員／専門職／コンサルタント	＿＿＿＿＿＿ 人
事務系職員	＿＿＿＿＿＿ 人
大学院生	＿＿＿＿＿＿ 人
大学生	＿＿＿＿＿＿ 人
その他：(　　　　　　　　　)	＿＿＿＿＿＿ 人

19. あなたの業務報告の対象を以下からお答えください。
□学長
□教学担当副学長
□教学担当副学長補佐
□学部長、副学部長
□副学長
□その他 (　　　　　　　　　　)

20. 16. あなたの大学の FD 組織の年間運営予算規模を以下からお答えください。
□ $0-$24,999 USD
□ $25,000-$49,999 USD

☐ $50,000-$99,999 USD

☐ $100,000-$149,999USD

☐ $150,000-$199,999USD

☐ $200,000-$249,999 USD

☐ $250,000-$299,999 USD

☐ $300,000-$399,999 USD

☐ $400,000-$499,999 USD

☐ $500,000 USD 以上

21. あなたの大学の FD 組織において、過去 3 年間の中で通常予算以外に獲得した資金について以下からお答えください。

☐外部資金

☐寄付

☐繰越資金

☐学内特別プロジェクト経費

☐他部署との共通経費

☐なし

☐その他 (　　　　　　　　　　)

22. もしあなたが追加予算を獲得している場合には、獲得金額と具体的な使途について以下に記述してください。

_____

_____

23. FD プログラムの目的と効果について、「4) 強くそう思う〜 NA) 分からない」のいずれかをお答えください。

4) 強くそう思う、3) そう思う、2) あまりそう思わない、1) 全く思わない、NA) 分からない

a. 大学内に変化をもたらす	4	3	2	1	NA
b. 教授学習法の発展	4	3	2	1	NA
c. 革新的な教育文化の開発・維持	4	3	2	1	NA
d. 教員同士の同僚性の促進	4	3	2	1	NA
e. 大学評価、質向上への大学の対応の支援	4	3	2	1	NA
f. 図書館、情報センター、研究所等との連携	4	3	2	1	NA
g. 先端的教育改革を進める大学への発展	4	3	2	1	NA
h. 優秀な教育活動に対する認知と表彰	4	3	2	1	NA
i. 教育上の困難を抱えている教員への支援	4	3	2	1	NA
j. 各教員の専門職開発の目標への対応と支援	4	3	2	1	NA
k. 大学から与えられたニーズへの対応	4	3	2	1	NA
l. 学部の目的、計画、開発の支援	4	3	2	1	NA
m. その他	4	3	2	1	NA

24. 前問で「m．その他」を選んだ方は、その目的や効果を以下に記入してください。このスペースを使って、追加のコメントを記入していただいても結構です。

_____

_____

25. 設問 23 の選択肢を使って、あなたのプログラムと特にかかわりの深い **3 つの項目**を、a 〜 m 中から選んでください。

☐	a. 大学内に変化をもたらす
☐	b. 教授学習法の発展
☐	c. 革新的な教育文化の開発・維持
☐	d. 教員同士の同僚性の促進
☐	e. 大学評価、質向上への大学の対応の支援
☐	f. 図書館、情報センター、研究所等との連携
☐	g. 先端的教育改革を進める大学への発展
☐	h. 優秀な教育活動に対する認知と表彰
☐	i. 教育上の困難を抱えている教員への支援
☐	j. 各教員の専門職開発の目標への対応と支援

☐	k. 大学から与えられたニーズへの対応
☐	l. 学部の目的、計画、開発の支援
☐	m. その他

26. あなたの大学の中で、**FD 組織以外で FD プログラムを提供する部署・個人**について、以下のいずれかをお答えください。

4) 非常に該当する、3) 該当する、2) あまり該当しない、1) 全く該当しない、NA) 分からない

評価部門	4	3	2	1	NA
キャンパス管理室	4	3	2	1	NA
コミュニティー／サービスラーニングセンター	4	3	2	1	NA
学部長／副学部長／学部長補佐	4	3	2	1	NA
連邦、州や財団の助成プログラム	4	3	2	1	NA
国際交流・留学担当部門	4	3	2	1	NA
大学院	4	3	2	1	NA
TA 支援／研修プログラム	4	3	2	1	NA
優等学位 (honors) プログラム	4	3	2	1	NA
図書館	4	3	2	1	NA
多様性・包合担当部門	4	3	2	1	NA
研究所／研究支援組織	4	3	2	1	NA
学生部門・寮生活担当	4	3	2	1	NA
テクノロジーセンター	4	3	2	1	NA
ライティングセンター	4	3	2	1	NA
その他	4	3	2	1	NA

27. 前問で「その他」を選んだ方は、その部署または個人を以下に記入してください。このスペースを使って、追加のコメントを記入していただいても結構です。

_____

_____

28. あなたの大学の中で、**FD 組織と協働して FD プログラムを提供する部署・個人**について、以下のいずれかをお答えください。

4) 非常に該当する、3) 該当する、2) あまり該当しない、1) 全く該当しない、NA) 分からない

評価部門	4	3	2	1	NA
キャンパス管理室	4	3	2	1	NA
コミュニティー／サービスラーニングセンター	4	3	2	1	NA
学部長／副学部長／学部長補佐	4	3	2	1	NA
連邦、州や財団の助成プログラム	4	3	2	1	NA
国際交流・留学担当部門	4	3	2	1	NA
大学院	4	3	2	1	NA
TA 支援／研修プログラム	4	3	2	1	NA
優等学位 (honors) プログラム	4	3	2	1	NA
図書館	4	3	2	1	NA
多様性・包含担当部門	4	3	2	1	NA
研究所／研究支援組織	4	3	2	1	NA
学生部門・寮生活担当	4	3	2	1	NA
テクノロジーセンター	4	3	2	1	NA
ライティングセンター	4	3	2	1	NA
その他	4	3	2	1	NA

29. 前問で「その他」を選んだ方は、その部署または個人を以下に記入してください。このスペースを使って、追加のコメントを記入していただいても結構です。

_____

_____

30. あなたの作成したデータが、大学の活動に対してどの程度の影響力を持ったかを、以下の中から答えてください。

　4) 強くそう思う、3) そう思う、2) あまりそう思わない、1) 全く思わない、NA) 分からない

参加者数	4	3	2	1	NA
参加者の満足度	4	3	2	1	NA
参加者の知識や技能の向上	4	3	2	1	NA
参加者の実践の変化	4	3	2	1	NA
参加者が教える学生の学習や行動の変化	4	3	2	1	NA

大学における変化	4	3	2	1	NA
その他	4	3	2	1	NA

31. 前問で「その他」を選んだ方は、その効果／成果を以下に記入してください。このスペースを使って、追加のコメントを記入していただいても結構です。

_____

_____

32. あなたが作成したデータ**それぞれにおいて、**どのように情報を集めたかお答えください。

	参加者数の記録	参加者の自己報告	インタビュー	観察	学生の課題、プロジェクト、試験の得点	変化を検証する研究プロジェクト	教員によるSoTLプロジェクトでの計測
参加者数							
参加者の満足度							
参加者の知識や技能の向上							
参加者の実践の変化							
参加者が教える学生の学習や行動の変化							
大学における変化							

33. あなたの成果を普及させるための方法について以下の中から**該当するもののすべて**をお答えください。

□理事会、役員会、評議会等への報告

□年次報告書の出版

□大学のウェブサイト上にデータを掲載

□大学外の学会等での発表

□図書や論文の出版・掲載

□その他（　　　　　　　　　　）

34. あなたの活動の主たる対象者を以下から選んでお答えください。(複数回答可)

□専任教員

□有期雇用教員

□短時間／非常勤教員

□大学院生

□研究員

□その他（　　　　　　　　　　）

35. 教育と学習：以下の項目について、あなたの大学において現在取り組んでいる FD 活動についてお答えください。

4) 強くそう思う、3) そう思う、2) あまりそう思わない、1) 全く思わない、NA) 分からない

1.	アクティブラーニング、探求学習、PBL	4	3	2	1	NA
2.	教育に関連した多文化と多様性	4	3	2	1	NA
3.	準備のできていない学生への教育	4	3	2	1	NA
4.	成人学習者の教育	4	3	2	1	NA
5.	伝統的な教育学習環境にテクノロジーを統合する (例：クリッカー)	4	3	2	1	NA
7.	オンライン教育／遠隔教育	4	3	2	1	NA
8.	ブレンド型学習 (オンラインと教室での学習)	4	3	2	1	NA
9.	チーム・ティーチング	4	3	2	1	NA
10.	コミュニティー・サービスラーニング	4	3	2	1	NA
11.	カリキュラム全体での／学習のためのライティング	4	3	2	1	NA
12.	カリキュラム全体での持続可能性	4	3	2	1	NA

13.	教育のピア評価	4	3	2	1	NA
14.	教授学習研究 (SoTL)	4	3	2	1	NA
15.	授業／教育ポートフォリオの作成	4	3	2	1	NA

6. は欠号。

36. 教員の職務／キャリア開発：以下の項目について、あなたの大学において現在取り組んでいる FD 活動についてお答えください。

4) 強くそう思う、3) そう思う、2) あまりそう思わない、1) 全く思わない、NA) 分からない

16.	教員の倫理的行動	4	3	2	1	NA
17.	新任教員オリエンテーション／研修	4	3	2	1	NA
18.	中堅／シニア教員への研修	4	3	2	1	NA
19.	外国人教員への研修	4	3	2	1	NA
20.	メンタリング・プログラム	4	3	2	1	NA
21.	TA（ティーチング・アシスタント）研修	4	3	2	1	NA
22.	未来の教員のための準備（例：PFF、CIRTL）	4	3	2	1	NA
23.	テニュア／昇進のための準備	4	3	2	1	NA
24.	テニュア獲得後の評価	4	3	2	1	NA
25.	教員の職務における時間マネジメント	4	3	2	1	NA
26.	ワークーライフ・バランス	4	3	2	1	NA
27.	短時間教員／非常勤教員へのオリエンテーションと支援	4	3	2	1	NA
28.	有期雇用教員へのオリエンテーションと支援	4	3	2	1	NA
29.	研究休暇の計画	4	3	2	1	NA
30.	学術的ライティング	4	3	2	1	NA
31.	教員へのリーダーシップ研修	4	3	2	1	NA

Note: PFF=preparing future faculty;　CIRTL=Center for the Integration of Research, Teaching, and Learning.

37. 教育改善／授業改善：以下の項目について、あなたの大学において現在取り組んでいる FD 活動についてお答えください。

4) 強くそう思う、3) そう思う、2) あまりそう思わない、1) 全く思わない、NA) 分からない

32.	学生の学習成果アセスメント	4	3	2	1	NA

33.	科目／カリキュラム改革	4	3	2	1	NA
34.	一般教育改革	4	3	2	1	NA
35.	プログラム・アセスメント (例：認証評価のための)	4	3	2	1	NA
36.	部署／プログラム評価	4	3	2	1	NA
37.	学科のリーダーシップとマネジメント	4	3	2	1	NA
38.	教員と学科の起業 (例：大学を代表したコンサルティング)	4	3	2	1	NA
39.	学際的な協同	4	3	2	1	NA
40.	その他のサービス	4	3	2	1	NA

38. 前問で「その他」を選んだ方は、そのサービスを以下に記入してください。
このスペースを使って、追加のコメントを記入していただいても結構です。

_____

_____

39. 設問 35-37 で挙げた 1-40 までのサービスの課題のうち、「重要なサービス」
であると考えるプログラムを 3 つ選んでください。

40. 設問 35-37 で挙げた 1-40 までのサービスの課題のうち、「追加資金や機会
があったら実施したい」プログラムを 3 つ選んでください。

41. 設問 35-37 で挙げた 1-40 までのサービスの課題のうち、「今後 5 年以内に
取り組むべきである」と最も考えるプログラムを 3 つ選んでください。

42. FD プログラムのアプローチ：以下の項目について、あなたの大学におい
て現在取り組んでいるプログラムについてお答えください。

4) 強くそう思う、3) そう思う、2) あまりそう思わない、1) 全く思わない、NA) 分からない

1.	個別コンサルテーション	4	3	2	1	NA
2.	専門家による授業観察とフィードバック	4	3	2	1	NA
3.	同僚による授業参観とフィードバック	4	3	2	1	NA
4.	小グループによる授業診断 (SGID)	4	3	2	1	NA

5.	カフェやランチタイムにおける教育に関する同僚との非公式なディスカッション	4	3	2	1	NA
6.	学科、専門分野に特化したワークショップ	4	3	2	1	NA
7.	実践的ワークショップ (1-3 時間)	4	3	2	1	NA
8.	研修合宿 (2-3 日間)	4	3	2	1	NA
9.	セミナー (単発でないもの)	4	3	2	1	NA
10.	事前資料による構造化されたディスカッション	4	3	2	1	NA
11.	教員の学習コミュニティー (1 学期間、1 年単位、または定期的ミーティング)	4	3	2	1	NA
12.	ウェブ上のリソース (リンク集やインターネット・コンテンツ)	4	3	2	1	NA
13.	ウェビナー (1-2 時間の同時ウェブセミナー)	4	3	2	1	NA
14.	非同期のオンラインプログラム	4	3	2	1	NA
15.	電子版ニューズレター	4	3	2	1	NA
16.	その他	4	3	2	1	NA

43. 前問で「その他」を選んだ方は、そのプログラムを以下に記入してください。このスペースを使って、追加のコメントを記入していただいても結構です。

_____

_____

44. 設問 42 で挙げた 1-16 までのプログラムのうち、「重要なアプローチ」であると考えるプログラムを 3 つ選んでください。

45. 設問 42 で挙げた 1-16 までのプログラムのうち、「追加資金や機会があったら実施したい」プログラムを 3 つ選んでください。

46. 設問 42 で挙げた 1-16 までのプログラムのうち、「今後 5 年以内に取り組むべきである」と最も考えるプログラムを 3 つ選んでください。

47. 今後 10 年で、FD の分野はどの方向に**進むべき**だと考えますか？

_____

48. 今後 10 年で、FD の分野はどの方向に**進むだろう**と考えますか？

49. 今回のアンケート回答を通して、意見等があればご自由に記入ください。

附録B 大学類型別サービス

表B-1 教育学習に関連した提供しているサービスの範囲

サービス	回答数	全体	研究／博士大学	総合大学	リベラルアーツ・カレッジ	コミュニティー・カレッジ	カナダの大学
		平均 (標準偏差)	平均 (標準偏差)	平均 (標準偏差)	平均 (標準偏差)	平均 (標準偏差)	平均 (標準偏差)
伝統的な教育学習環境にテクノロジーを統合する（例：クリッカー）	330	3.28 (.85)	3.26 (.84)	3.28 (.88)	3.39 (.90)	3.13 (.90)	3.41 (.84)
アクティブラーニング、探求学習、PBL	322	3.25 (.88)	3.29 (.89)	3.08 (1.01)	3.28 (.77)	3.20 (.93)	3.41 (.84)
ブレンド型学習（オンラインと教室での学習）	321	2.88 (1.02)	2.93 (1.05)	2.71 (1.04)	2.97 (.98)	2.83 (1.04)	3.07 (1.00)
オンライン教育／遠隔教育	326	2.83 (1.10)	2.86 (1.11)	2.69 (1.03)	2.81 (1.09)	2.70 (1.18)	3.08 (1.13)
教授学習研究（SoTL）	320	2.80 (1.03)	2.77 (1.00)	2.75 (1.00)	2.77 (1.28)	2.66 (1.01)	3.04 (1.04)
教育に関連した多文化と多様性	326	2.60 (.99)	2.75 (1.00)	2.48 (1.05)	2.52 (.91)	2.23 (.77)	2.85 (.864)
授業／教育ポートフォリオの作成	314	2.50 (1.09)	2.47 (1.08)	2.46 (1.09)	2.65 (1.08)	2.52 (1.15)	2.68 (.95)
準備のできていない学生への教育	326	2.42 (1.01)	2.43 (1.01)	2.36 (1.08)	2.53 (.88)	2.27 (.98)	2.44 (.89)
コミュニティー・サービスラーニング	317	2.37 (.98)	2.37 (.97)	2.12 (1.05)	2.58 (1.03)	2.38 (.94)	2.77 (.86)
カリキュラム全体での／学習のためのライティング	320	2.35 (1.02)	2.39 (1.03)	2.32 (1.04)	2.47 (1.01)	1.83 (.89)	2.58 (.99)
教育のピア評価	322	2.35 (.98)	2.37 (1.02)	2.29 (1.00)	2.35 (1.02)	2.21 (.90)	2.56 (.89)
成人学習者の教育	320	2.26 (1.04)	2.24 (1.06)	2.07 (.99)	2.19 (1.06)	2.19 (1.11)	2.54 (.91)
チーム・ティーチング	307	1.94 (.86)	1.97 (.88)	1.79 (.83)	1.93 (.77)	1.93 (.87)	2.31 (.93)
カリキュラム全体での持続可能性	308	1.83 (.93)	1.82 (.94)	1.83 (.94)	1.42 (.58)	1.76 (.87)	2.08 (.98)

表B-2　教員の職務開発とキャリア開発に関連した提供しているサービスの範囲

サービス	回答数	全体	研究／博士大学	総合大学	リベラルアーツ・カレッジ	コミュニティー・カレッジ	カナダの大学
		平均(標準偏差)	平均(標準偏差)	平均(標準偏差)	平均(標準偏差)	平均(標準偏差)	平均(標準偏差)
新任教員オリエンテーション／研修	328	3.48 (.78)	3.41 (.80)	3.43 (.83)	3.77 (.79)	3.55 (.57)	3.63 (.63)
メンタリング・プログラム	309	2.71 (.80)	2.69 (.81)	2.51 (.72)	2.80 (.81)	2.87 (.73)	2.93 (.87)
短時間教員／非常勤教員へのオリエンテーションと支援	317	2.62 (1.05)	2.67 (1.04)	2.78 (1.05)	2.63 (1.10)	2.57 (1.01)	2.17 (.92)
有期雇用教員へのオリエンテーションと支援	299	2.61 (1.10)	2.65 (1.04)	2.62 (1.15)	2.54 (1.29)	2.43 (1.10)	2.56 (1.04)
中堅／シニア教員への研修	318	2.59 (.98)	2.63 (.97)	2.50 (.93)	2.61 (1.15)	2.57 (.94)	2.62 (.94)
テニュア／昇進のための準備	306	2.32 (1.10)	2.45 (1.06)	2.07 (1.08)	2.41 (1.15)	2.07 (1.10)	2.48 (1.16)
TA（ティーチング・アシスタント）研修	290	2.21 (1.31)	2.11 (1.26)	2.43 (1.27)	2.19 (1.39)	2.13 (1.39)	2.48 (1.42)
学術的ライティング	305	2.04 (1.06)	2.03 (1.05)	1.88 (.97)	2.11 (1.10)	2.03 (1.15)	2.19 (1.18)
教員へのリーダーシップ研修	313	2.00 (.99)	2.01 (.93)	1.81 (.91)	1.97 (1.09)	2.00 (1.08)	2.35 (1.16)
未来の教員のための準備（例：PFF、CIRTL）	281	1.99 (1.24)	1.96 (1.24)	2.06 (1.20)	2.07 (1.24)	1.88 (1.19)	1.92 (1.32)
ワークーライフ・バランス	311	1.95 (.88)	1.94 (.86)	1.91 (.83)	1.93 (.92)	1.97 (1.02)	2.08 (.93)
教員の職務における時間マネジメント	307	1.94 (.83)	1.96 (.82)	1.95 (.82)	1.97 (.82)	1.80 (.85)	2.00 (.83)
外国人教員への研修	297	1.80 (.91)	1.81 (.93)	1.67 (.82)	2.10 (.92)	1.66 (.90)	1.80 (1.00)
教員の倫理的行動	301	1.71 (.90)	1.70 (.86)	1.59 (.86)	1.83 (1.02)	1.60 (.93)	1.65 (.83)

	回答数						
テニュア獲得後の評価	294	1.59 (.89)	1.62 (.87)	1.30 (.66)	2.00 (1.12)	1.32 (.61)	1.78 (1.09)
研究休暇の計画	293	1.46 (.87)	1.47 (.89)	1.56 (.94)	1.48 (.94)	1.30 (.72)	1.33 (.76)

Note: PFF=preparing future faculty; CIRTL=Center for the Integration of Research, Teaching, and Learning.

表B-3　教育改善／授業改善に関連した提供しているサービスの範囲

サービス	回答数	全体 平均 (標準偏差)	研究／ 博士大学 平均 (標準偏差)	総合大学 平均 (標準偏差)	リベラル アーツ・ カレッジ 平均 (標準偏差)	コミュニ ティー・ カレッジ 平均 (標準偏差)	カナダの 大学 平均 (標準偏差)
学生の学習成果アセスメント	329	3.21 (.87)	3.15 (.92)	3.23 (.85)	3.36 (.74)	3.23 (.86)	3.22 (.93)
科目／カリキュラム改革	324	3.08 (.95)	3.03 (.96)	3.08 (.93)	3.25 (.80)	3.00 (.98)	2.96 (1.15)
その他のサービス	81	2.63 (1.29)	2.60 (1.19)	3.14 (1.46)	3.10 (1.29)	1.57 (1.13)	2.90 (1.37)
プログラム・アセスメント（例：認証評価のための）	321	2.61 (1.10)	2.58 (1.16)	1.72 (1.04)	2.61 (.92)	2.69 (.104)	2.28 (1.17)
一般教育改革	313	2.48 (1.07)	2.43 (1.06)	2.54 (1.14)	2.43 (.94)	2.72 (.92)	2.16 (1.21)
学際的な協同	318	2.34 (1.00)	2.29 (.94)	2.33 (1.06)	2.48 (1.09)	2.43 (1.17)	2.28 (.98)
部署／プログラム評価	312	2.22 (1.05)	2.14 (1.07)	2.21 (.94)	2.32 (1.08)	2.32 (1.06)	1.96 (.98)
学科のリーダーシップとマネジメント	315	1.92 (.99)	1.86 (.97)	1.78 (.91)	1.93 (1.08)	2.00 (1.00)	2.35 (.98)
教員と学科の起業（例：大学を代表したコンサルティング）	290	1.38 (.71)	1.35 (.67)	1.34 (.68)	1.68 (.91)	1.33 (.62)	1.36 (.79)

表B-4　ディベロッパーが選んだトップ3の重要なサービス

サービス	全体	研究／博士大学	総合大学	リベラルアーツ・カレッジ	コミュニティー・カレッジ	カナダの大学
回答数	298	136	58	36	27	23
新任教員オリエンテーション／研修	37%	35%	35%	40%	41%	39%
アクティブラーニング、探求学習、PBL	35%	40%	24%	23%	37%	52%
伝統的な教育学習環境にテクノロジーを統合する（例：クリッカー）	24%	24%	21%	17%	37%	26%
授業改革／カリキュラム改革	20%	22%	17%	27%	11%	4%
学生の学習成果アセスメント	17%	24%	10%	13%	15%	4%
オンライン教育／遠隔教育	16%	1%	19%	20%	11%	17%
教授学習研究 (SoTL)	15%	17%	14%	7%	7%	30%
TA（ティーチング・アシスタント）研修	11%	8%	17%	13%	7%	17%
ブレンド型学習（オンラインと教室での学習）	8%	15%	21%	7%	0%	0%
未来の教員のための準備（例：PFF、CIRTL）	8%	8%	9%	7%	7%	13%
メンタリング・プログラム	8%	7%	3%	3%	22%	13%
成人学習者の教育	7%	7%	9%	7%	7%	9%
短時間教員／非常勤教員へのオリエンテーションと支援	7%	5%	10%	13%	4%	4%
教育に関連した多文化と多様性	6%	7%	2%	7%	11%	4%
準備のできていない学生の教育	6%	5%	5%	7%	4%	13%
中堅／シニア教員への研修	6%	7%	10%	7%	4%	0%
テニュアと昇進のための準備	6%	7%	10%	3%	4%	4%
プログラム・アセスメント（例：認証評価のための）	6%	8%	7%	7%	4%	0%
その他の課題	5%	4%	3%	13%	4%	13%
教育のピア評価	5%	4%	7%	7%	4%	0%

（表 B-4 つづき）

サービス	全体	研究／博士大学	総合大学	リベラルアーツ・カレッジ	コミュニティー・カレッジ	カナダの大学
一般教育改革	5%	5%	3%	0%	4%	4%
授業／教育ポートフォリオの作成	4%	3%	9%	0%	4%	4%
学術的ライティング	4%	3%	2%	13%	7%	0%
教員へのリーダーシップ研修	4%	4%	3%	3%	4%	0%
カリキュラム全体での／学習のためのライティング	3%	3%	7%	3%	4%	0%
学際的な協同	3%	2%	3%	3%	15%	0%
学科のリーダーシップとマネジメント	3%	2%	2%	7%	4%	4%
コミュニティー・サービスラーニング	3%	4%	2%	3%	0%	0%
外国人教員への研修	2%	2%	2%	3%	0%	0%
部署／プログラム評価	2%	1%	2%	3%	4%	0%
教員の倫理的行動	1%	2%	2%	0%	0%	0%
有期雇用教員へのオリエンテーションと支援	1%	1%	3%	0%	0%	0%
ワークーライフ・バランス	1%	1%	2%	0%	0%	4%
教員と学科の起業（例：大学を代表したコンサルティング）	1%	0%	0%	3%	0%	4%
チーム・ティーチング	1%	6%	2%	0%	4%	0%
カリキュラム全体での持続可能性	1%	0%	0%	3%	4%	0%
テニュア獲得後の評価	0%	0%	2%	0%	0%	0%
教員の職務における時間マネジメント	0%	0%	0%	0%	0%	0%
研究休暇の計画	0%	0%	0%	0%	0%	0%

Note: PFF=preparing future faculty; CIRTL=Center for the Integration of Research, Teaching, and Learning.

表B-5　ディベロッパーが最も追加・拡大したいサービス

サービス	全体	研究／博士大学	総合大学	リベラルアーツ・カレッジ	コミュニティー・カレッジ	カナダの大学
回答数	284	133	55	29	26	20
教授学習研究 (SoTL)	19%	21%	22%	34%	8%	5%
中堅／シニア教員への研修	19%	21%	18%	21%	15%	25%
メンタリング・プログラム	18%	18%	18%	7%	38%	15%
教育に関連した多文化と多様性	15%	15%	15%	14%	19%	15%
短時間教員／非常勤教員へのオリエンテーションと支援	14%	12%	20%	3%	15%	30%
学科のリーダーシップとマネジメント	14%	17%	9%	7%	19%	15%
教育のピア評価	13%	13%	13%	10%	15%	25%
教員へのリーダーシップ研修	12%	14%	13%	7%	12%	15%
学生の学習成果アセスメント	12%	11%	15%	14%	4%	15%
準備のできていない学生の教育	11%	13%	13%	17%	0%	5%
学術的ライティング	11%	8%	7%	17%	8%	15%
アクティブラーニング、探求学習、PBL	10%	11%	9%	14%	8%	0%
学際的な協同	10%	8%	7%	21%	8%	10%
伝統的な教育学習環境にテクノロジーを統合する（例：クリッカー）	9%	14%	7%	3%	4%	5%
科目／カリキュラム改革	9%	6%	9%	17%	12%	10%
オンライン教育／遠隔教育	8%	12%	5%	7%	8%	0%
ブレンド型学習（オンラインと教室での学習）	7%	3%	9%	0%	15%	20%
新任教員オリエンテーション／研修	7%	4%	13%	0%	15%	5%
授業／教育ポートフォリオの作成	6%	5%	4%	7%	4%	15%
コミュニティー・サービスラーニング	5%	7%	2%	3%	4%	0%

（表 B-5 つづき）

サービス	全体	研究／博士大学	総合大学	リベラルアーツ・カレッジ	コミュニティー・カレッジ	カナダの大学
TA（ティーチング・アシスタント）研修	5%	3%	7%	3%	0%	10%
テニュアと昇進のための準備	5%	3%	2%	10%	8%	0%
ワーク－ライフ・バランス	5%	6%	4%	10%	0%	5%
一般教育改革	5%	2%	5%	10%	4%	10%
プログラム・アセスメント（例：認証評価のための）	5%	6%	5%	0%	8%	0%
カリキュラム全体での／学習のためのライティング	4%	3%	4%	7%	0%	0%
成人学習者の教育	4%	3%	5%	3%	4%	5%
教員の職務における時間マネジメント	4%	7%	2%	3%	0%	5%
教員と学科の起業（例：大学を代表したコンサルティング）	4%	5%	2%	0%	4%	0%
外国人教員への研修	3%	3%	5%	7%	0%	0%
チーム・ティーチング	2%	4%	2%	0%	4%	0%
カリキュラム全体での持続可能性	2%	2%	4%	0%	0%	5%
教員の倫理的行動	2%	3%	4%	3%	0%	0%
未来の教員のための準備（例：PFF、CIRTL）	2%	2%	2%	3%	4%	0%
テニュア獲得後の評価	2%	2%	2%	0%	0%	0%
研究休暇の計画	2%	2%	2%	0%	4%	0%
部署／プログラム評価	2%	2%	4%	3%	8%	0%
有期雇用教員へのオリエンテーションと支援	1%	2%	0%	0%	0%	0%
その他の課題	1%	1%	0%	3%	0%	0%

Note: PFF=preparing future faculty; CIRTL=Center for the Integration of Research, Teaching, and Learning.

表B-6　次の5年間でFD が進めるべきサービス

サービス	全体	研究／博士大学	総合大学	リベラルアーツ・カレッジ	コミュニティー・カレッジ	カナダの大学
回答数	385	174	69	38	35	33
学生の学習成果アセスメント	18%	21%	25%	13%	17%	9%
オンライン教育／遠隔教育	16%	21%	10%	13%	9%	12%
ブレンド型学習(オンラインと教室での学習)	14%	12%	19%	11%	11%	12%
アクティブラーニング、探求学習、PBL	13%	11%	15%	18%	17%	18%
教育に関連した多文化と多様性	13%	12%	9%	16%	23%	15%
準備のできていない学生の教育	13%	15%	9%	11%	6%	15%
科目／カリキュラム改革	12%	9%	19%	11%	23%	3%
教員へのリーダーシップ研修	12%	11%	19%	18%	11%	3%
学際的な協同	9%	11%	9%	8%	17%	0%
伝統的な教育学習環境にテクノロジーを統合する(例：クリッカー)	9%	8%	13%	3%	9%	6%
中堅／シニア教員への研修	8%	8%	7%	11%	6%	9%
学科のリーダーシップとマネジメント	8%	11%	4%	0%	11%	6%
教授学習研究(SoTL)	7%	9%	7%	11%	0%	6%
ワークーライフ・バランス	7%	9%	3%	5%	3%	9%
メンタリング・プログラム	6%	8%	9%	3%	3%	0%
教育のピア評価	4%	4%	6%	3%	6%	3%
プログラム・アセスメント(例：認証評価のための)	4%	6%	4%	3%	3%	3%
短時間教員／非常勤教員へのオリエンテーションと支援	4%	5%	1%	5%	9%	3%
一般教育改革	4%	4%	3%	0%	0%	6%
外国人教員への研修	4%	2%	4%	13%	6%	3%

（表 B-6 つづき）

サービス	全体	研究／博士大学	総合大学	リベラルアーツ・カレッジ	コミュニティー・カレッジ	カナダの大学
新任教員オリエンテーション／研修	4%	2%	9%	0%	6%	3%
カリキュラム全体での持続可能性	3%	3%	0%	5%	3%	3%
成人学習者の教育	2%	2%	9%	0%	6%	0%
未来の教員のための準備（例：PFF、CIRTL）	2%	3%	1%	5%	0%	0%
TA（ティーチング・アシスタント）研修	2%	0%	6%	8%	0%	0%
部署／プログラム評価	2%	1%	4%	5%	3%	3%
教員と学科の起業（例：大学を代表したコンサルティング）	2%	2%	1%	8%	0%	3%
カリキュラム全体での／学習のためのライティング	2%	1%	6%	0%	0%	0%
教員の職務における時間マネジメント	2%	2%	1%	0%	6%	0%
教員の倫理的行動	2%	2%	3%	0%	0%	0%
その他の課題	2%	1%	1%	5%	0%	6%
コミュニティー・サービスラーニング	1%	2%	0%	0%	0%	0%
授業／教育ポートフォリオの作成	1%	2%	1%	3%	0%	0%
テニュアと昇進のための準備	1%	1%	0%	3%	0%	3%
学術的ライティング	1%	0%	1%	3%	0%	6%
チーム・ティーチング	1%	1%	0%	0%	0%	3%
有期雇用教員へのオリエンテーションと支援	1%	1%	0%	0%	0%	0%
テニュア獲得後の評価	1%	1%	1%	0%	0%	0%
研究休暇の計画	0%	0%	0%	0%	0%	0%

Note: PFF=preparing future faculty; CIRTL=Center for the Integration of Research, Teaching, and Learning.

参考文献

Adams, M., & Bell, L. A. (Eds.). (2016). *Teaching for diversity and social justice*. New York, NY: Roudedge.

Ambrose, S. A., Bridges, M. W., DiPietro, M., Lovett, M. C., & Norman, M. K. (2010). *How learning works: Seven research-based principles for smart teaching*. San Francisco, CA: Jossey-Bass.

American Associadon for the Advancement of Science. (2011). *Vision and change in undergraduate biology education: A callege to action*. Washington, DC: Author.

Austin, A. E., Sorcinelli, M. D., & McDaniels, M. (2007). Understanding new faculty background, aspirations, challenges, and growth. In R. P. Perry & J. C. Smart (Eds.), *The scholarship of teaching and learning in higher education: An evidence-based perspective* (pp. 39-89). Dordrecht, the Netherlands: Springer.

Austin, A. E. (2011). *Promoting Evidence-Based Change in Undergraduate Science Education*. Paper commissioned by the Board on Science Education of the National Academies National Research Council. Washington, D.C.: The National Academies.

Baldwin, R. G., & Zeig, M. J. (2012). Making emeritus matter. *Change, 44* (5), 28-34.

Baldwin, R. G., & Zeig, M. J. (2013). Emeritus colleges: Enriching academic communities by extending academic life. *Innovative Higher Education, 38* (5), 355- 368.

Banks, J. A. (2015). *Cultural diversity and education: Foundation, curriculum and teaching*. New York, NY: Routledge.

Barr, R. B., & Tagg, J. (1995). From teaching to learning: A new paradigm for undergraduate education. *Change, 27* (6), 13-25.

Beach, A. L. (2015). Boyers impact on faculty development. In D. Moser, T. C. Ream, & J. M. Braxton (Eds.), *25th anniversary edition: Scholarship reconsidered* (pp. 13-18). San Francisco, CA: Jossey-Bass.

Beach, A. L., & Cox, M. D. (2009). The impact of faculty learning communities on teaching and learning. *Learning Communities Journal, 1* (1), 7-27.

Beach, A. L., Flenderson, C., & Finkelstein, N. (2012). Facilitating change in undergraduate STEM education. *Change, 44* (6), 52-59.

Bell, A., & Mladenovic, R. (2008). The benefits of peer observation of teaching for tutor development. *Higher Education, 55* (6), 735-752.

Bergquist, W. H., & Phillips, S. R. (1975). Components of an effective faculty development program. *Journal of Higher Education, 46* (2), 177-215.

Beyer, C. H., Taylor, E., & Gillmore, G. M. (2013). *Inside the undergraduate teaching experience: The University of Washington's growth in faculty teaching study*. Albany, NY: SUNY Press.

Bierwert, C. (2012). Strengthening diversity through faculty development. In C. Cook & M.

Kaplan (Eds.), *Advancing the culture of teaching on campus: How a teaching center can make a difference* (pp. 137-150). Sterling, VA: Stylus.

Bonner, F. A., II, Marbley, A. P., Tuitt, P., Robinson, P. A., Banda, R. M., & Hughes, R. L. (2014). *Black faculty in the academy: Narratives for negotiating identity and achieving career success.* New York, NY: Routledge.

Bowen, J. A. (2012). *Teaching naked: How moving technology out of your college class room will improve student learning.* San Francisco, CA: Wiley.

Bowen, W. G. (2013). Higher education in the digital age. *British Journal of Educational Technology, 44* (6), E220-E221.

Bradshaw, J. (2013, September 5). For a new kind of professor, teaching comes first. *Globe and Mail,* 1.

Bryk, A. S., Gomez, L., Grunow, A., & C LeMahieu, P. (2015). *Learning to improve: How America's schools can get better at getting better.* Stanford, CA: Carnegie Foundation for the Advancement of Teaching.

Buhl, L. C., & Wilson, L. A. (1984). Foreword. In L. C. Buhl & L. A. Wilson (Eds.), *To improve the academy* (pp. iii-iv). Pittsburg, PA: Duffs Business Institute.

Bullet, J. L. (2012). *Best practices in faculty evaluation: A practical guide for academic leaders.* San Francisco, CA: Wiley.

Centra, J. A. (1976). *Faculty development practices in U.S. colleges and universities.* Princeton, NJ: Educational Testing Service.

Chism, N. V. N., Gosling, D., & Sorcinelli, M. D. (2010). International faculty development: Pursuing our work with colleagues around the world. In K. H. Cillespie & D. L. Robertson (Eds.), *A guide to faculty development* (pp. 243-258). San Francisco, CA: Jossey-Bass.

Chism, N. V. N., & Szabo, B. (1998). How faculty development programs evaluate their services. *Journal of Staff, Program & Organization Development, 75* (2), 55-62.

Chism, N. V. N., & Banta, T. W. (2007). Enhancing institutional assessment efforts through qualitative methods. *New Directions for Institutional Research, 136,* 15-28.

Chism, N. V. N., Holley, M., & Harris, C. J. (2012). Researching the impact of educational development: Basis for informed practice. In J. E. Garcia & L. Cruz (Eds.), *To Improve the Academy, Volume 31,* (pp. 129-145). Hoboken, NJ: Wiley.

Coates, T. N. (2015). *Between the world and me.* Melbourne, Australia: Text.

Cohen, P. A., & McKeachie, W. J. (1980). The role of colleagues in the evaluation of college teaching. *Improving College and University Teaching, 28* (4), 147-154.

Condon, W, Iverson, E. R., Manduca, C. A., Rutz, C., & Willett, C. (2016). *Faculty development and student learning: Assessing the connections.* Bloomington, IN: Indiana University Press.

Cook, C., & Kaplan, M. (2011). *Advancing the culture of teaching on campus: How a teaching center can make a difference.* Sterling, VA: Stylus.

Cox, M. D. (2004). Introduction to faculty learning communities. *New Directions for Teaching and Learning, 97,* 5-23.

Debowski, S. (2011). Emergent shifts in faculty development: A reflective review. In J. M. Miller & J. Croccia (Eds.), *To improve the academy: Resources for faculty, instructional, and organizational development* (pp. 306-322). San Francisco, CA: Jossey-Bass.

Dezure, D., Van Note Chism, N., Sorcinelli, M. D., Cheong, G., Ellozy, A. R., Holley, M., . . . Atrushi, D. (2012). Building international faculty development collaborations: The evolving role of American teaching centers. *Change, 44* (3), 24-33.

Eagan, K., Stolzenberg, E. B., Lozano, J. B., Aragon, M. C., Suchard, M. R., & Hurtado, S. (2014). *Undergraduate teaching faculty: The 2013-2014 HERI Faculty Survey*, Los Angeles, CA: Higher Education Research Institute.

Erickson, G. (1986). A survey of faculty development practices. In M. Svinicki, J. Kurfiss, & J. Stone (Eds.), *To improve the academy: Vol. 5. Resources for faculty, instructional, and organizational development* (pp. 182-196). Stillwater, OK: New Forums Press.

Fink, L. D. (2013). *Creating significant learning experiences: An integrated approach to designing college courses.* Hoboken, NJ: Wiley. (土持ゲーリー法一監訳『学習経験をつくる大学授業法』玉川大学出版部、2011 年)

Fry, C. L. (Ed.). (2014). *Achieving systemic change: A source book for advancing and funding undergraduate STEM education.* Washington, DC: Association of American Colleges and Universities.

Gaff, J. G. (1975). *Toward faculty renewal: Advances in faculty, instructional, and organizational development.* San Francisco, CA: Jossey-Bass.

Gappa, J. M., Austin, A. E., & Trice, A. G. (2007). *Rethinking faculty work: Higher education's strategic imperative.* San Francisco, CA: Jossey-Bass.

Gillespie, K. & Douglas L. Robertson (2010) *A Guide to Faculty Development,* Jossey-Bass Publishers.

Ginsberg, M. B., & Wlodkowski, R. J. (2009). *Diversity and motivation: Culturally responsive teaching in college.* Minneapolis, MN: Wiley.

Henderson, C., Beach, A., & Finkelstein, N. (2011). Facilitating change in under graduate STEM instructional practices: An analytic review of the literature. *Journal of Research in Science Teaching, 45* (8), 952-984.

Hines, S. R. (2009). Investigating faculty development program assessment practices: What's being done and how can it be improved? *Journal of Faculty Development, 23* (3), 5-19.

Ho, A., Watkins, D., & Kelly, M. (2001). The conceptual change approach to improving teaching and learning: An evaluation of a Hong Kong staff development programme. *Higher Education, 42* (2), 143-169.

Hurney, C. A., Harris, N. L., Prins, S. C. B., & Kruck, S. E. (2014). The impact of a learner-centered, mid-semester course evaluation students. *Journal of Faculty Development, 28* (3), 55-62.

Hutchings, P. (2010). *Opening doors to faculty involvement in assessment.* Urbana: University of Illinois and Indiana University, National Institute for Learning Outcomes Assessment.

Johnson, W. B. (2007). *On being a mentor: A guide for higher education faculty.* Mahwah, NJ:

Erlbaum.

Kern, B., Mettetal, G., Dixson, M., & Morgan, R. K. (2015). The role of SoTL in the academy: Upon the 25th anniversary of Boyers Scholarship Reconsidered. *Journal of the Scholarship of Teaching and Learning, 15* (3), 1-14.

Kezar, A. (2012). *Embracing non-tenure track faculty: Changing campuses for the new faculty majority.* New York, NY: Routledge.

Kezar, A., & Sam, C. (2010). *Understanding the new majority of non-tenure-track faculty in higher education: Demographics, experiences, and plans of action.* San Francisco, CA: Jossey-Bass.

Kober, N. (2015). *Reaching students: What research says about effective instruction in undergraduate science and engineering.* Washington, DC: National Academy of Sciences.

Kuscera, J. V., & Svinicki, M. (2010). Rigorous evaluations of faculty development. *Journal of Faculty Development, 24* (2), 5-18.

Lee, V. S. (2010). Program types and prototypes. In K. H. Gillespie & D. L. Robertson (Eds.), *A guide to faculty development* (pp. 21-33). San Francisco, CA: Jossey-Bass.

Little, D. (2014). Reflections on the state of the scholarship of educational development. *To Improve the Academy, 33* (1), 1-13.

Mack, D., Watson, E. D., & Camacho, M. M. (Eds.). (2012). *Mentoring faculty of color: Essays on professional development and advancement in colleges and universities.* Jefferson, NC: McFarland.

Marbach-Ad, G., Egan, L. C., & Thompson, K. V. (Eds.). (2015). *A discipline-based teaching and learning center: A model for professional development.* London, UK: Springer.

Martensson, K., Roxa, T, & Olsson, T. (2011). Developing a quality culture through the scholarship of teaching and learning. *Higher Education Research & Development, 30* (1), 51-62.

Maxey, D., & Kezar, A. (2015). Revealing opportunities and obstacles for changing non-tenure-track faculty practices: An examination of stakeholders' awareness of institutional contradictions. *Journal of Higher Education, 86* (4), 564-594.

McDonald, J. (2010). Charting pathways into the field of educational development. *New Directions for Teaching and Learning,* 122, 37-45.

McShannon, J., & Hynes, P. (2005). Student achievement and retention: Can professional development programs help faculty GRASP it? *Journal of Faculty Development, 20* (2), 87-93.

Mellow, G. O., Woolis, D. D., Kalges-Bombich, M., & Restler, S. G. (2015). *Taking college teaching seriously: Pedagogy matters!* Sterling, VA: Stylus.

Menges, R. J., & Brinko, K. T. (1986). *Effects of student evaluation feedback: A meta-analysis of higher education research.* Paper presented at the Annual Meeting of the American Educational Research Association, San Francisco, CA.

Nasmith, L., & Steinert, Y. (2001). The evaluation of a workshop to promote interactive lecturing. *Teaching and Learning in Medicine, 73* (1), 43-48.

National Commission on Excellence in Education. (1983). *A nation at risk.* Washington, DC: Author. (文部省仮訳『危機に立つ国家』)

Nelsen, W. C.（1981）. *Renewal of the teacher-scholar: Faculty development in the liberal arts college.* Washington, DC: Association of American Colleges.

Olson, S., & Riordan, D. G.（2012）. *Engage to excel: Producing one million additional college graduates with degrees in science, technology, engineering, and mathematics.* Retrieved from files.eric. ed.gov/fulltext/ED541511.pdf

POD Network,（n.d.）. *5-year strategic plan.* Retrieved from podnetwork.org/content/ uploads/ Strategic-Plan13-1 8.pdf

Reder, M.（Ed）.（2014）. Supporting teaching and learning at small colleges―Past, present & future. *Journal on Centers for Teaching and Learning, 6,* 1-11.

Rice, R. E., Sorcinelli, M. D., & Austin, A. E.（2000）. *Heeding new voices: Academic careers for a new generation.* Washington, DC: American Association of Higher Education.

Roxâ, T, Martensson, K., & Cox, M.（2005）. *What initiates and enables becoming a scholarly teacher and SoTL?* London, UK: City University.

Schroeder, C. M., & Associates（2010）. *Coming in from the margins: Faculty development's emerging organizational development role in institutional change.* Sterling, VA: Stylus.

Schuster, J. H., & Finkelstein, M. J.（2006）. *American faculty: The restructuring of academic work and careers.* Baltimore, MD: Johns Hopkins University Press.

Selingo, J. J.（2013）. *College (un) bound: The future of higher education and what it means for students.* Boston, MA: Houghton Mifflin Harcourt.（船守美穂訳『カレッジ（アン）バウンド』東信堂、2018 年）

Singer, S. R., Nielsen, N. R., & Schweingruber, H. A.（Eds.）.（2012）. *Discipline-based education research: Understanding and improving learning in undergraduate science and engineering.* Washington, DC: National Academies Press.

Slakey, L., & Gobstein, H.（2015）. Toward a new normal. In G. C. Weaver, W. D. Burgess, A. L. Childress, & L. Slakey（Eds.）, *Transforming institutions: Undergraduate STEM education for the 21st century*（pp. 485-496）. West Lafayette, IN: Purdue University Press.

Sorcinelli, M. D., Austin, A. E., Eddy, P. L., & Beach, A. L.（2006）. *Creating the future of faculty development: Learning from the past, understanding the present.* Bolton, MA: Anker.

Sorcinelli, M. D., & Ellozy, A.（2017）. A history of faculty development: Combining research and professional wisdom. In C. Smith & K. Hudson（Eds.）, *Faculty development in developing countries: Improving teacher quality in higher education.* New York, NY: Routledge/ Taylor & Francis Group.

Sorcinelli, M. D., & Garner, A.（2013）. Contributions to quality enhancement in the United States. In R. Land & G. Gordon（Eds.）, *Enhancing quality in higher education: International studies in higher education*（pp. 94-105）. London, UK: Routledge International.

Sorcinelli, M. D., Gray, T, & Birch, A. J.（2011）. Faculty development beyond instructional development: Ideas centers can use. *To Improve the Academy, 30,* 247-261.

Steele, C. M.（2011）. *Whistling Vivaldi: How stereotypes affect us and what we can do (issues of our time).* New York, NY: Norton.

STEM Central,（n.d.）. *Welcome.* Retrieved from stem-central.net

Trigwell, K. (2012). Evaluating the impact of university teaching development programmes. Methodologies that ask why there is an impact. In E. Simon & G. Pleschova (Eds.), *Teacher development in higher education: Existing programmes, programme impact, and future trends* (pp. 257-273). New York, NY: Routledge.

Trower, C. A. (2012). *Success on the tenure track: Five keys to faculty job satisfaction.* Baltimore, MD: John Hopkins University Press.

U.S. Department of Education, National Center for Education Statistics. (2014). *Table 315.10. Number of faculty in degree-granting postsecondary institutions' by employment status, sex, control, and level of institution: Selected years, fall 1970 through fall 2013.* Retrieved from nces.ed.gov/programs/digest/dl4/tables/_dtl4_315.10.asp

Van Ummersen, C. A., McLaughlin, J. M., & Duranleau, L. J. (Eds.). (2014). *Faculty retirement: Best practices for navigating the transition.* Sterling, VA: Stylus.

Wehlburg, C. M. (2010). Assessment practices related to student learning. In K. H. Gillespie & D. L. Robertson (Eds.), *A guide to faculty development* (pp.169-184). San Francisco, CA: Jossey-Bass.

Wieman, C., Perkins, K., & Gilbert, S. (2010). Transforming science education at large research universities: A case study in progress. *Change, 42* (2), 6-14.

Winkelmes, M. (Ed.). (2011). *Analysis of several themes emerging from the 2010 membership survey data.* Retrieved from docs.google.com/file/d/0B6yUeY3EibR9 bOZYOWZBaVlBamc/edit

Wright, D. L. (2002). Program types and prototypes. In K. H. Gillespie, L. R. Hilsen, & E. C. Wadsworth (Eds.), *A guide to faculty development: Practical advice, examples, and resources* (pp. 24-34). Bolton, MA: Anker.

Yakoboski, P. J. (2015, June). *Understanding the faculty retirement (non) decision.* Retrieved from www.tiaainstitute.org/public/pdf/understanding-the-facultyretirement- nondecision. pdf

Yun, J. H., Baldi, B., & Sorcinelli, M. D. (2016). Mutual mentoring for early-career and underrepresented faculty: Model, research, and practice. *Innovative Higher Education, 4* (11), 1-11.

日米比較研究から見る総合的な学術能力の開発に資する FD の構築

山崎慎一・林　透・深野政之

【要旨】

　本研究は、FD の役割について、アメリカの FD 研究において先進的な地位にある Beach et al. (2016) の全米調査をもとに、許諾を得て日本語に翻訳し、日本国内で行った調査結果を用いた。その結果、両国の FD 活動の中心的な活動は、アクティブラーニングの強化、学生の学習成果の評価、教育開発、新しい教員のオリエンテーションであった。アメリカの FD の目的は、個人開発と組織開発に焦点を当てているが、日本では大学の政策ニーズを満たし、教育の改善を達成するために FD を適用する傾向が見られた。当該比較研究を通じ、米国の FD は教育開発から教員のキャリア開発まで、包括的な能力開発として実践されているのに対し、日本の FD は教育開発に焦点を当てていることを明らかにした。

キーワード：FD、能力開発、日米比較、FD 活動実態調査

はじめに

　18 歳人口の減少と高齢化、首都圏と地方の格差、グローバル化、不確実性を抱える経済状況など、日本社会の直面する課題は山積し、大学にはこれらの問題を解決する人材養成が強く期待されている。その一方で、国立大学

・桜美林大学大学院大学アドミニストレーション研究科紀要『大学アドミニストレーション研究』Vol. 10, pp.59-68, 2020. より紀要編集委員長の許諾を経て転載。

法人への運営費交付金は減少を続け、学生の授業料に多くを依存する私立大学は 18 歳人口減少の影響を受け、いずれの大学も厳しい環境に陥っている。さらに、大学進学率の上昇とともに学生も多様化し、大学教育の在り方そのものにも変化が求められ、限られたリソースの中で効率的かつ効果的な教育を行う必要性に迫られている。このような状況において、教育のマネジメントは不可欠であり、特にファカルティ・ディベロップメント（以下、FD）は、大学教育の改善や効率化を促す活動として、重要な取り組みになっている。

FD の定義は、2007 年の大学設置基準における FD の義務化を通じ、授業内容や方法の改善として広く普及した。大学改革支援・学位授与機構（2016）によれば、「教員が授業内容・方法を改善し、教育力を向上させるための組織的な取組みの総称」と説明されている。しかし、こうした曖昧な解釈に対する批判は多く、その中でも佐藤（2015）は、FD を「大学教員に求められる総合的な学術能力開発の取り組み」と定義付けており、日本の FD の現状を的確に示すモデルとして高等教育関係者の中で認知されつつある。このモデルの特徴は、組織の発展（organizational development）と個人の能力開発（personal development）を中核として位置付けたうえで、総合的な学術能力開発の取り組みとして、教育研究能力だけでなく、組織の管理運営能力や社会との関係構築能力を含んでいることである。したがって、本研究においても、FD は単なる教員の授業改善という意味ではなく、個人レベルと組織レベルによる総合的な学術能力の開発として位置付けている。

FD の意味や内容の定義には様々な解釈があり、未だ確固たる定義付けがなされているわけではないが、その一方で大学設置基準の改正による義務化から 10 年を迎えたことは事実である。日本の大学における FD 活動は、大学設置基準の改正というある種の外圧に起因し、日常的な活動の一つとして組み込まれた。そのため、法的義務を果たすためだけの形式的な活動に終始し、多忙化する教員の負担感だけを増やすものとして度々批判に晒されている。FD を担う教職員についても、その多くが任期付き等の不安定な雇用環境の中におり、日本の高等教育機関の中にどのように FD を位置付けていくかの明確化が求められている。情報技術は日々進歩し、知識の陳腐化も早く、

学生層の多様化も進展する中で、教員の総合的な学術能力の開発は必要不可欠である。今後の高等教育の発展において、FD の更なる発展と推進が求められている。

1. 研究目的

　本研究は、上記の問題意識のもと、アメリカの FD の機能やアプローチに着目した比較研究を行い、日本の FD の今後の発展に対する示唆を得ることを目的とする。特に、FD 活動のプログラム、組織構造、協働関係、優先業務等の相違点に着目している。アメリカは、日本よりも早く高等教育の大衆化と多様化に直面しており、FD についても早くから議論がなされてきた経緯がある。専門職団体である The Professional and Organizational Development Network in Higher Education（以下、POD）は 1976 年に創立され、1980 年代には全米の大学の一般的な活動としてすでに FD は認知されていた。現在はその専門職の地位も確立し、大学における組織開発も FD 概念の一つとして定着している。日本の高等教育は、こうしたアメリカの先行事例を範として FD の導入を進めており、佐藤 (2015) の提案するモデルにおいても、POD の提唱する概念の影響を受けている。このような影響力を持つアメリカの FD の機能やアプローチに関する相違を比較考察し、国際的動向を踏まえて考察することが、総合的な学術能力の開発という広義の FD の更なる向上に資するものである。

2. 研究方法

　本研究は、筆者らが 2015 年に実施した「日本の大学における FD 活動実態調査（以下、日本版 FD 活動実態調査）」をもとにしている。日本版 FD 活動実態調査は、日本の国公私立大学の FD 担当組織責任者を対象に、郵送法とウェブ調査により実施した。回答機関数は国立大学 51、公立大学 52、私立大学 273 の計 376 大学、回答率は 48.5% であった。質問内容は、FD の担当者の職位や FD 担当としての経験年数をはじめ、FD の組織形態や予算規模、FD の機能やアプローチ等から構成されている。

日本版 FD 活動実態調査は、2012 年にアメリカで Beach et al. (2016) によっ
て実施された Creating the Future of Faculty Development: Charting Changes in the
Field（以下、アメリカ版 FD 活動実態調査）をもとに作成したものである。アメ
リカ版 FD 活動実態調査は、専門職団体である POD の会員を対象に行われ、
FD の担当者や組織に関する事項や、FD 専門職の機能や効果について明ら
かにしたものである。また、2001 年にほぼ同様の調査が、過去の POD の会
長も務めた Sorcinelli et al. (2006) によって行われているため、経年変化の分析
もなされており、アメリカの FD の実情を把握する大規模な調査研究である。
日本版 FD 活動実態調査は、Sorcinelli や Beach との共同研究の一環として実
施しており、日本の実情に合わせつつ、可能な限り日米比較が出来るように
作成したものである。本研究では、2 つの FD 活動実態調査結果の比較考察
を通じ、総合的な学術能力の開発に資する FD を模索する。

3. 先行研究と本研究の限界

先に指摘をした通り、佐藤 (2015) のモデルは、現在の日本の高等教育にお
ける FD の形成にインパクトを与えてきた。他にも日本の FD の制度化に関
する論稿としては、例えば、絹川・舘 (2004) や有本 (2005) がみられる。FD
に関する調査も数多くなされており、廣渡 (2005)、国立教育政策研究所 (2008)、
辻ほか (2013)、リベルタス・コンサルティング (2016) などがある。また、国
内外の FD 研究の動向を検討しその課題を明らかにした羽田 (2011) も発表さ
れるなど、FD の普及とともに比較的多くの研究者が FD に対して関心を持っ
ている。ただし、本研究のようにアメリカで行われた大規模な FD 実態調
査をもとに、組織の発展 (OD) を含めた総合的なデベロップメントとしての
FD に焦点をあてた比較研究を実施したものは見当たらない。

本研究は、日本版とアメリカ版 FD 活動実態調査の結果を比較考察するも
のである。言うまでもなく、日本とアメリカの高等教育の環境は異なってお
り、それは FD においても同様である。例えば、アメリカ版 FD 活動実態調
査は、FD の専門職者を対象として行っているが、日本には専門職の概念が
全ての大学に存在するわけではなく、実施の担当者ではあるが専門家ではな

いという回答者も含まれている。国だけでなく、各大学単位においても FD の位置付けは異なっており、安易に比較が成立しないという批判もあると考えられる。本調査の質問項目が、国、大学、組織間の文化的差異や価値観の違いを捉えた上で、同時並行して作られているわけではないのも事実である。しかし、本研究は先に実施され、長期間の経年比較も行ったアメリカ版 FD 活動実態調査をもとにしており、調査票については一定の妥当性がある。また、日本版 FD 活動実態調査の作成にあたり、アメリカの共同研究者と議論を重ねてきた経緯もある。日米の違いがある以上完全な比較は難しいが、総合的な学術能力の開発という観点から、組織の発展を内包した FD をすでに展開するアメリカの実態調査との比較考察は、日本の FD 研究に示唆を与えるものである。

4. 結　果

　表 1 は回答者である FD 担当者の性別と年齢を比較したものである。性別を見ると、日本は大半の回答者が男性であるが、アメリカの場合は反対に女性が多くなっている。年齢層については、主たる層の日米差は見られないが、全体的な傾向を見ると日本の方が年齢層は高くなっている。これは、学部等の教員組織の長が、FD 担当の責任者になる傾向があるためと考えられる。なお、本論において示す以下の表は、全て筆者が作成したものである。

　表 2 は FD をどのような方法で行っているかという FD のアプローチについて、その実施度合いを質問した結果である。FD 活動として実施されている取り組みについて、「よく行っている」から「全く行っていない」までの 4

表1　回答者の性別と年齢

国	性別			年齢					
	男性	女性	計	25–34歳	35–44歳	45–54歳	55–64歳	65歳以上	計
日本	300	61	361	13	53	125	127	43	361
	83%	17%	100%	4%	15%	35%	35%	12%	100%
アメリカ	89	240	329	25	76	113	127	21	362
	27%	73%	100%	7%	21%	31%	35%	6%	100%

表2　FD のアプローチに関する日米比較

項目	日本			アメリカ			日米差
	N	Mean	SD	N	Mean	SD	Mean
デパートメントベースのワークショップ	314	2.68	1.02	307	2.75	1.01	-0.07
セミナー	307	2.66	1.02	301	2.74	1.06	-0.08
同僚による教育評価とフィードバック	309	2.60	1.04	295	2.25	1.02	0.35
実践的ワークショップ（数時間）	312	2.53	1.04	310	3.40	.81	-0.87
カフェやランチタイムにおける教育に関する同僚との非公式な会話	282	2.49	1.03	307	2.82	.94	-0.33
個々の相談	279	2.16	.95	311	3.25	.93	-1.09
学生意見調査	302	2.11	1.13	280	2.12	1.19	-0.01
教員の学習コミュニティー（セメスター、1年、定期的ミーティング）	290	1.94	.97	301	2.62	1.18	-0.68
専門家による教育評価とフィードバック	295	1.88	.92	299	2.65	1.09	-0.77
研修（2-3日）	308	1.84	1.02	297	2.47	1.17	-0.63
構造化されたディスカッション（事前のリーディングを含む）	290	1.81	.91	299	2.46	1.10	-0.65
ウェブリソース	282	1.73	.89	305	3.09	.94	-1.36
E-mailのニューズレター	284	1.56	.85	284	2.06	1.16	-0.50
ウェブセミナー	291	1.44	.70	296	2.08	1.07	-0.64
非同期のオンラインプログラム	272	1.42	.71	290	1.84	1.00	-0.42

注）平均値と標準偏差は、よく行なっている＝4、時々行なっている＝3、あまり行なっていない＝2、全く行なっていない＝1として算出した。

件法による回答の平均値を示している。日本の平均値の高い項目を見ると、「デパートメントベースのワークショップ」、「セミナー」、「同僚による教育評価とフィードバック」、「実践的ワークショップ（数時間）」等がみられた。ただし、いずれの項目も「時々行っている」に相当するスコアの3に到達していなかった。一方、アメリカでは、「実践的ワークショップ（数時間）」、「個々の相談」、「ウェブリソース」の平均値は3を超え、一般的に行われていることが明らかになっている。

　日米比較をした時の特徴は、主なものとして2点挙げられる。1点目は教員個々への相談が、アメリカではFD のアプローチとして一般的になっていることである。その背景には、FD の専門家の存在と、各教員のキャリア開発に関わる事柄を多く扱っていることが挙げられる。もう1点はウェブリソースの活用である。ウェブリソースを用いることによって、空間的・時間的制約なく、新たな知識や技能を習得することが可能である。日本であまり行われていない理由は、これらの情報を取捨選択し、適切な情報提供が出来る専門家が少ないためと考えられる。

表3　FD プログラムの目的に関する日米比較

項目	日本			アメリカ			日米差
	N	Mean	SD	N	Mean	SD	Mean
教授学習法の改善	327	3.67	.54	164	3.71	.49	-0.04
優れた教育実践の創造・持続	332	3.55	.58	164	3.79	.54	-0.24
大学内に変化をもたらす	306	3.34	.68	160	3.29	.78	0.05
教員同士のコミュニケーションの促進	332	3.20	.69	160	3.13	.86	0.07
学部・学科の目的達成や発展のための支援	326	3.15	.79	161	2.61	.90	0.54
大学から明確に示されたニーズへの対応	322	3.11	.73	163	3.07	.92	0.04
大学評価等への対応のための支援	328	3.09	.79	161	2.62	.96	0.47
教育上の困難に直面する教員への支援	322	2.81	.79	162	3.15	.98	-0.34
各教員の専門職としての向上を支える支援	324	2.81	.84	161	3.30	.90	-0.49
先端的教育改革を進める機関への発展	317	2.47	.91	161	2.76	.97	-0.29
図書館、情報センター、研究所等との連携	319	2.36	.82	163	2.85	.88	-0.49
優秀な教育活動に対する表彰	315	2.32	.91	160	2.60	1.08	-0.28

注）平均値と標準偏差は、とても重複している＝ 4、やや重複している＝ 3、あまり重複していない＝ 2、全く重複していない ＝ 1 として算出した。

　表 3 は、FD プログラムの目的に関する日米比較結果である。

　日米ともに「教授学習法の改善」と「優れた教育実践の創造・持続」をとても重視しており、FD の目的は共通している。日米の間で異なる項目としては、日本は「学部・学科の目的達成や発展のための支援」や「大学評価等への対応のための支援」といった組織に対する活動を重視している傾向にあるが、アメリカの場合は「各教員の専門職としての向上を支える支援」や「教育上の困難に直面する教員への支援」のような教員個人に対する FD に重きを置いている。また、「図書館、情報センター、研究所等との連携」も日本と比べ重視している傾向にあり、学内組織との連携による幅広い FD 活動が展開されていると言える。

　表 4 は、39 項目の FD 活動の実施頻度を尋ねた質問の結果のうち、実施頻度の高い上位 15 項目の状況を示したものである。カテゴリーは、各 FD 活動の内容別に分けられており、FWCD は教員のキャリア開発、T&L は教授法と学習、EII は教育／大学の改善である。日米双方に共通してみられる項目は半数以上みられ、基本的な FD 活動は日米双方で大差なく行われている。カテゴリー別にみても、日本の T&L は 8 項目、アメリカでは 7 項目の活動となっており、教授法と学習に関する活動が主たる FD 活動になってい

表4　各FD活動の実施頻度とその日米比較

日本

国	カテゴリー	FD活動	N	Mean	SD
日本	EII	*授業・カリキュラムの改善	333	3.34	.82
	T&L	*アクティブラーニング	303	3.03	.91
	EII	*学習成果の評価	327	3.02	.98
	FWCD	*新規採用教員に対するオリエンテーション	324	2.87	1.13
	EII	共通教育の改善	317	2.86	1.00
	EII	*認証評価	317	2.82	1.01
	FWCD	教員の活動に関する倫理的行為	303	2.60	1.04
	T&L	教育のピアレビュー	299	2.37	1.06
	T&L	*伝統的教授法に対するテクノロジーの導入	298	2.28	1.02
	EII	プログラム評価	291	2.25	1.00
	T&L	*教授学習の学識	278	2.23	.99
	T&L	補習教育	296	2.23	1.07
	T&L	チームティーチング	302	2.19	.96
	T&L	*オンライン学習	304	2.14	.95
	T&L	カリキュラムにおける持続可能性	283	2.08	1.03
アメリカ	FWCD	*新規採用教員に対するオリエンテーション	328	3.48	.78
	T&L	*伝統的教授法に対するテクノロジーの導入	330	3.28	.85
	T&L	*アクティブラーニング	322	3.25	.88
	EII	*学習成果の評価	329	3.21	.87
	EII	*授業・カリキュラムの改善	324	3.08	.95
	T&L	ブレンド学習	321	2.88	1.02
	T&L	*オンライン学習	326	2.83	1.10
	T&L	*教授学習の学識	320	2.80	1.03
	FWCD	メンタリング	309	2.71	.80
	FWCD	パートタイム教育向けFD	317	2.62	1.05
	EII	*認証評価	321	2.61	1.10
	FWCD	有期雇用教員向けFD	299	2.61	1.10
	T&L	人種や多文化に関する教育	326	2.60	.99
	FWCD	ミドルクラス及びシニア向け教員FD	318	2.59	.98
	T&L	ティーチングポートフォリオの作成	314	2.50	1.09

注）平均値と標準偏差は、表2と同様にして算出した。＊は日米双方にみられるFD活動。

表5　FD 活動の優先度等に関する日米比較

	現在特に重要と考えているFD活動		追加の予算や機会があれば実施したいFD活動		今後5年のうちに取り組むべきFD活動	
日本	アクティブラーニング*	74%	アクティブラーニング	22%	アクティブラーニング*	29%
	授業・カリキュラムの改善*	54%	学習成果の評価	22%	授業・カリキュラムの改善	24%
	学習成果の評価*	38%	オンライン学習	19%	学習成果の評価	19%
	新規採用教員に対するオリエンテーション*	13%	ティーチング・ポートフォリオの作成	16%	共通教育の改善	16%
	補習教育	13%	授業・カリキュラムの改善	19%	学部・学科のリーダーシップとマネジメント	13%
		N=335		N=329		N=324
アメリカ	新規採用教員に対するオリエンテーション*	37%	ミドルクラス及びシニア向け教員FD	19%	学習成果の評価	25%
	アクティブラーニング*	35%	教授・学習の学識	19%	オンライン学習	21%
	伝統的教授法に対するテクノロジーの導入	24%	メンタリング	18%	ブレンド学習	19%
	授業・カリキュラムの改善*	20%	人種や多文化に関する教育	15%	アクティブラーニング*	18%
	学習成果の評価*	17%	学部・学科のリーダーシップとマネジメント	14%	人種や多文化に関する教育	18%
		N=298		N=284		N=284

注）＊は日米双方にみられる項目

る。ただし、日本は教授法と学習に加え、教育／大学の改善の項目も多くみられるが、アメリカの場合は教員のキャリア開発に関する FD 活動の実施頻度が高くなっている。

　表5は、先の 39 項目の FD 活動のうち、現在特に重要な FD 活動と考えている項目、追加の予算や機会があれば実施したい項目、今後 5 年のうちに取り組むべき FD 活動の上位 5 項目の日米比較結果を示したものである。

　日本の特徴は、いずれにおいても「アクティブラーニング」が最も優先度が高い項目になっていることと、「学習成果の評価」と「授業・カリキュラムの改善」が含まれていることである。特に重要な FD 活動と考えている項目では、それぞれの％ も高く、「アクティブラーニング」は回答者の 74％が特に重要であると回答している。アメリカでは、特に重要な FD 活動と、今後 5 年のうちに取り組むべき FD 活動において、アクティブラーニングと学習成果の評価が挙げられている。しかし、追加の予算や機会があれば実施したい FD 活動では、他の活動と重複する項目はなく、その内容も教育改善やキャリア開発など様々な項目が含まれている。日米双方に共通する点としては、現在特に重要と考えている項目は「アクティブラーニング」、「授業・カリキュラムの改善」、「学習成果の評価」、「新規採用教員に対するオリエンテーション」である。これらの項目は、先の表4 においても高い頻度で行われており、日米において中核的な FD 活動といえる。なお、「アクティブラーニング」については、今後 5 年のうちに取り組むべき FD としても双方にみられ、日米

216

において課題意識が強い項目である。

5. 考　察

　以上の日米比較の結果から明らかになった FD の相違は以下の通りである（**表6**）。はじめに、FD 活動のアプローチに着目すると、日本ではデパートメントベースのワークショップやセミナーが用いられ、学部学科等の組織をベースにしていることが分かる。一方、アメリカは個々の相談やウェブリソースの活用が挙げられ、教員個人をベースにしている。日米の共通事項として、同僚との教育関連の非公式な会話等が、FD のアプローチとして認知されている。

　それらの目的は、教授学習法の改善、優れた教育実践の創造、大学内に変化をもたらす、教員同士のコミュニケーションの促進であり、日米ともにその重要度も非常に高くなっていた。これらに加え、日本では学部学科の目的や大学評価など、組織的対応を重視し、アメリカでは各教員の支援等の個別対応に加え、図書館等の他機関との連携にも力を入れている。したがって、FD の主たる目的は、教授法と学習に関連する活動であるが、日本では組織

表6　日米間のFD の相違

	日米の共通事項	日本の特徴	アメリカの特徴
アプローチ	実践的ワークショップ 同僚との教育関連の非公式な会話 -	デパートメントベースのワークショップ セミナー 同僚による教育評価	個々の相談 ウェブリソース
対象	-	学部学科（組織）ベース	教員個人ベース
目的	教授学習法の改善 優れた教育実践の創造・持続 大学内に変化をもたらす 教員同士のコミュニケーションの促進	学部・学科の目的達成等の支援 大学評価等への対応のための支援 - -	各教員の専門職としての向上を支える支援 教育上の困難に直面する教員への支援 図書館、情報センター、研究所等との連携
特徴	教授法と学習 T&L	教育/大学の改善 EII	教員のキャリア開発 FWCD
実施頻度 高い FD活動	アクティブラーニング 学習成果の評価 授業・カリキュラムの改善 新規採用教員に対するオリエンテーション	共通教育の改善 認証評価 教員の活動に関する倫理的行為	伝統的教授法に対するテクノロジーの導入 ブレンド学習 オンライン学習 教授学習の学識

をベースとした教育改善活動に重きを置き、アメリカでは個々の教員のキャリア形成や開発活動を積極的に展開していると言える。実施頻度の高い FD 活動を見ると、「アクティブラーニング」、「授業・カリキュラムの改善」、「学習成果の評価」、「新規採用教員に対するオリエンテーション」が日米双方に共通した事項である。先の 3 つの項目については、日本では現状の強い問題意識に加え、将来的な必要性等のニーズも含め、FD 活動の基盤である。その一方で、アメリカでも現状について日本と共通の問題意識を持っているが、「伝統的な学習に対するテクノロジーの導入」も重要と考えている。その結果、「オンライン学習」や「ブレンド学習」など、新たな教授・学習法を 5 年以内に取り組むべき活動としている回答者も多くなっている。追加の機会や予算があれば実施したい FD 活動は、「ミドルクラス及びシニア向け教員 FD」、「教授学習の学識」、「メンタリング」、「人種や多文化に関する教育」等が注目されており、その幅の広さが示されている。

6. 結　論

　アメリカの高等教育機関における FD の現状は、メンタリングに代表される教員個人のキャリア支援やウェブリソースなどを活かした教員個人の教授法支援に力点が置かれており、Professional Development（PD）の要素が色濃くなる傾向にある。一方、日本の高等教育機関では、長らく FD という概念は存在せず、1991 年の大学設置基準大綱化以降、学生授業評価による授業の質保証や教員による授業改善が求められる時期を経て、2008 年に至り、FD は「教員が授業内容・方法を改善し向上させるための組織的な取組」として法令義務化された。本研究は、アメリカ版 FD 活動実態調査に依拠し、日米比較を試みたものであり、日米における「FD 概念の成熟度」や「FD の導入や展開のアプローチ」の相違点を考慮して分析することで当該研究の価値が高まるものと考えている。その意味で、日米の FD 比較研究から見える、アメリカの高等教育機関における FD の現状や将来的方向性は、日本の高等教育機関における FD の今後に大きな示唆を与えてくれる。

　例えば、FD を教育開発や教授法という狭い範囲に収めるのではなく、教

員のキャリアに応じた個々のニーズに対応させることは、教員職の多様化する日本においても検討すべき課題である。このようなキャリアステージに対応した教員の専門職性開発の必要性については、すでに羽田 (2011) においても指摘されているが、日米のアンケート調査の結果を用いた本比較研究からもその重要性は示唆されている。また、教育方法や教授法は、学問分野や領域だけでなく、科目、教員、あるいは対象とする学生層によって、教員が求めるものは変わってくると考えられる。教育力の向上という観点からも、大集団に対して一律に FD サービスを提供するよりも、個人あるいは小集団のニーズに合うものが望ましいと言える。

　本研究において参照した佐藤 (2015) による「重層的 FD フレームワーク (改訂版)」の観点にたてば、ミクロ・ミドル・マクロの各レベルの FD を、組織的な教育改善から個々の教員のキャリア開発まで幅広く展開しているアメリカの FD 活動実態調査との比較考察は、日本の高等教育にとって示唆に富むものである。大学教員に求められる総合的な学術能力の開発方法を模索するにおいても、個々の教員のキャリア開発から、教育改善、全学的な大学改革を担うアメリカの FD の在り方は好事例であった。

　日本においては、グローバル化と激化する国際競争に加え、国内の労働力人口の減少など、喫緊の課題が山積している。高等教育機関の果たすべき役割は今までになく大きくなっており、大学教員もまたこれまでにない重責を担うことになる。単なる教員の授業改善としての FD ではなく、個人レベルと組織レベルによる総合的な学術能力の開発機会を提供する FD が必要不可欠である。したがって、日本の実情を踏まえた発展という観点においても、アメリカはじめ各国の事例から多くのことを参考に出来る。その際、単に海外の事例を輸入し、日本の制度に組み込んでいくのではなく、より実証的な研究成果をもとにすることが、これからの発展には欠かせない。日米の FD 活動実態調査を比較考察した本研究は、その一助になるものである。

注

　　本研究発表は、日本学術振興会学術研究助成基金助成金 (基盤研究 (C))「日本

の大学における組織開発（OD）の担い手に関する実践的研究」（研究代表者：林透）の成果の一部である。

参考文献

有本章，2008，『変貌する日本の大学教授職』玉川大学出版部.

Beach, A. et al., 2016, *Faculty Development in the Age of Evidence*, Sterling, VA: Stylus.

大学改革支援・学位授与機構，2016，『高等教育に関する質保証関係用語集（第 4 版）』

羽田貴史，2011，「大学教員の能力開発をめぐる課題」『名古屋高等教育研究』11: 293-312.

絹川正吉・舘昭 編著『学士課程教育の改革』（講座「21 世紀の大学・高等教育を考える」第 3 巻）東信堂，2004.

国立教育政策研究所，2008，『大学における教育改善等のためのセンター組織の役割と機能に関する調査研究』平成 17-19 年度政策研究課題リサーチ経費研究成果報告書.

リベルタス・コンサルティング，2016，『大学教員の教育活動・教育能力の評価の在り方に関する調査研究』平成 27 年度文部科学省委託調査報告書.

佐藤浩章，2015，「重層的 FD のフレームワークと FD の実践的課題解決のための 5 つのポイント」『大学教育学会誌』37（1）: 51-4.

Sorcinelli, M.D. et al., 2006, *Creating the Future of Faculty Development*, San Francisco: Jossey-Bass.

東北大学高等教育開発推進センター，2009，『ファカルティ・ディベロップメントを超えて―日本・アメリカ・カナダ・イギリス・オーストラリアの国際比較』東北大学出版会.

辻忠博ほか，2013，「FD 等教育開発推進関連組織に関する実態調査―調査対象大学の実態と課題」『日本大学 FD 研究』1: 53-67.

事項索引

222

組織名索引

原著者紹介

・アンドレア・L・ビーチ（Andrea L. Beach）氏は、西ミシガン大学の高等教育リーダーシップ教授、中等後教育授業変革研究センター共同センター長。彼女は、2008 年に西ミシガンで FD 室を開設し、2015 年まで室長。1998 年に成人・継続教育で修士（M.A）。2003 年にミシガン州立大学で高等・成人・生涯教育で博士（Ph.d）。研究テーマは、高等教育における組織変容。教育学習の革新支援。教員の学習コミュニティー、変化の梃子（change lever）としての FD。現在、全米科学財団（NSF）による教育変革戦略を目的とした、数件の研究計画の主任研究員、共同主任研究員を務めている。これは、教育改善のための教育及び学科の風土に関する自己報告の他、教育変革戦略に関する研究論文や本（の章）を作成するものである。また、低所得出身学生の学業継続・達成率の改善を目的とした教育変容を実施し、文書化し、成果測定を行うための、連邦教育省による "First in the World プロジェクト"（予算 320 万ドル）の責任者である。

・メアリー・ディーン・ソルチネリ（Mary Deane Sorcinelli）氏は、マウントホリオークカレッジ・ワイズマン（Weissman）リーダーシップセンターの新任寮内優秀研究者。Bay View Alliance の STEM（科学・技術・工学・数学）学士課程教育改革のための上級研究員。マサチューセッツ・アマースト大学の前・教育担当副学長補佐、教育 & FD センターの初代センター長、教育政策教授（1998-2014）。インディアナ大学ブルーミントン校の FD 室長（1983-1988）。彼女は、大学教員の全てのキャリア段階にわたる職業能力開発——メンタリング、学習者中心の教育、高等教育における教育学習改善、21 世紀の教員の学習を促進する教育センターの役割——の分野で高名な研究者である。教育改革の促進を目的とした多くの外部補助金プロジェクトの責任者を務めており、2006 年には、教育学習と FD の向上における生涯の優れた業績とリーダーシップに対し、POD の Bob Pierleoni Spirit 賞が贈られた。2000-2004 年には POD ネットワーク会長／理事。アメリカ高等教育協会（AAHE）上級研究員。

　ソルチネリ氏は、カナダ、中国、エジプト、イギリス、ドイツ、アイルランド、プエルトリコ、サウジアラビア、台湾を含む国際的な場面で、FD の教育とコンサルテーションを提供してきた。エジプトのアメリカン大学カイロ校には卓越客員教授として、アイルランド国立大学ゴールウェイ校には Whiting 財団フェローシップとして滞在した。マウントホリオークカレッジにて英語学修士（M.A.）。マサチューセッツ大学アマースト校にて教育政策博士（Ed.D）。

・エイム・E・オースティン（Aim E. Austin）氏は、ミシガン州立大学の高等・成人・生涯教育教授であり、2005-2008 年と 2014 年の 2 回、Mildred B. Erickson 卓越講座

を務めた。2014 年に退職し、現在は全米科学財団（NSF）学士課程部門のプログラム責任者。彼女の研究関心は、大学教員のキャリアと職業開発；高等教育における教育学習、研究者の職場、組織変容、博士課程教育、STEM（科学、技術、工学、数学）教育の改革。彼女は、アメリカ教育研究協会（AERA）フェローであり、高等教育研究協会（ASHE）の元会長、1998 年には南アフリカ・フルブライト協会フェローであった。また研究・教育・学習統合センター（CIRTL）の初代共同リーダーであり、STEM 領域における女性研究者の成功を支援する組織変容戦略のための全米科学財団による助成研究の主任研究員であった。

　彼女の業績には以下の広く出版された本があり、さらに大学教員の問題やその他のアメリカや国際的な状況における高等教育のトピックに関する本、論説、論文がある。

- *Educating Integrated Professionals: Theory and Practice on Preparation for the Professoriate* (Jossey-Bass, 2008).
- *Rethinking Faculty Work: Higher Education's Strategic Imperative* (Jossey-Bass, 2007).
- *Creating the Future of Faculty Development: Learning From the Past, Understanding the Present* (Jossey-Bass, 2006).
- *Developing New and Junior Faculty* (Jossey-Bass, 1992).

　彼女は、アジア開発銀行のプロジェクトと出版シリーズ "Higher Education in Dynamic Asia" のメンバーである。多くの国々――オーストラリア、中国、エジプト、フィンランド、インド、マレーシア、オマーン、フィリピン、南アフリカ、タイ、アラブ首長国連邦、ベトナム――の仲間とともに、国レベル、大学レベルの課題に取り組んだ。

・ジャクリン・K・リヴァード（Jaclyn K. Rivard）氏は、ミネソタ大学の組織リーダーシップ、組織政策、組織開発の博士課程学生である。彼女の研究は高等教育を中心に、公平性とアクセス、政策、市民参加と FD に関心がある。西ミシガン大学で高等教育と学生関係を中心とした教育リーダーシップ、教育研究、教育テクノロジーで修士（M.A.）を取得。西ミシガン在学中に FD 室で新任教員セミナー、教員学習コミュニティー、FD ワークショップ、FD 研究の院生アシスタントを務めた。この時、大学院と文理学部のアドバイジング室でのインターンシップをしていた。彼女はウィスコンシン大学スペリオル校で政策科学の学士を取り、女性学研究を副専攻にした。そこでの学生時代に、アセスメントの研究アシスタントを務め、Ore Docks "*A Working Peoples History of Duluth*"（University of Minnesota Press, 2006）への研究支援と、"Congressman James Oberstar and the Human Rights Campaign." のインターンシップをした。彼女はその前にアメリカ・ガールスカウトのプログラム責任者を務め、そこで彼女はコミュニティー参加に力を注ぎ、科学、技術、工学、数学領域における女子参加に関する全米委員会を担当した。

訳者紹介

林　透（はやし とおる）……………企画代表、第7章、第8章担当
　山口大学准教授。京都大学卒業。名古屋大学大学院教育発達科学研究科博士後期
　課程修了、博士（教育）。

深野政之（ふかの まさゆき）………監訳、序論、第1章、第2章ほか担当
　大阪府立大学准教授。早稲田大学卒業。桜美林大学大学院国際学研究科博士後期
　課程満期退学。

山崎慎一（やまざき しんいち）……第3章、第4章担当
　桜美林大学助教。桜美林大学国際学研究科博士課程修了、博士（学術）。

大関智史（おおぜき さとし）………第5章、第6章担当
　旭川医科大学講師。明海大学卒業。Western Michigan University, Interdisciplinary Ph. D.
　in Evaluation 修了、博士（学術）。

FACULTY DEVELOPMENT IN THE AGE OF EVIDENCE: Current Practices, Future Imperatives

エビデンスの時代のＦＤ：現在から未来への架橋

2020年6月30日　　　初　版第1刷発行　　　　　　　　　　　　　　〔検印省略〕
　　　　　　　　　　　　　　　　　　　　　　　定価はカバーに表示してあります。

訳者ⓒ林透・深野政之・山崎慎一・大関智史／発行者 下田勝司　　印刷・製本／中央精版印刷

東京都文京区向丘 1-20-6　　郵便振替 00110-6-37828
〒 113-0023　TEL（03）3818-5521　FAX（03）3818-5514
Published by TOSHINDO PUBLISHING CO., LTD.
1-20-6, Mukougaoka, Bunkyo-ku, Tokyo, 113-0023, Japan
E-mail : tk203444@fsinet.or.jp　http://www.toshindo-pub.com

発　行　所
㍿ 東信堂

ISBN978-4-7989-1608-8　C3037　　ⓒ Hayashi & Fukano

東信堂

大学の組織とガバナンス——高等教育研究論集第1巻	羽田貴史	三五〇〇円
2040年 大学よ甦れ——カギは自律的改革と創造的連帯にある	田中弘允 著	二四〇〇円
検証 国立大学法人化と大学の責任——その制定過程と大学自立への構想	田中弘允・佐藤博明・田原博人 著	三七〇〇円
2040年 大学教育の展望——21世紀型学習成果をベースに	山田礼子	二八〇〇円
高等教育の質とその評価——日本と世界	山田礼子編著	二八〇〇円
国立大学職員の人事システム——管理職への昇進と能力開発	渡辺恵子	四二〇〇円
国立大学・法人化の形成	大﨑仁	二六〇〇円
国立大学法人化の行方——自立と格差のはざまで	天野郁夫	三六〇〇円
大学は社会の希望か——大学改革の実態からその先を読む	江原武一	二八〇〇円
大学の管理運営改革——日本の行方と諸外国の動向	江原武一・杉本均編著	三六〇〇円
学長リーダーシップの条件	両角亜希子編著	二六〇〇円
大学経営・政策入門	東京大学 大学経営・政策コース編	二四〇〇円
大学経営とマネジメント	新藤豊久	三五〇〇円
大学戦略経営の核心	篠田道夫	二六〇〇円
戦略経営Ⅲ 大学事例集	篠田道夫	三六〇〇円
大学戦略経営論	篠田道夫	三六〇〇円
中長期計画の実質化によるマネジメント改革	篠田道夫	三四〇〇円
カレッジ(アン)バウンド——米国高等教育の現状と近未来のパノラマ	J・J・セリンゴ著 船守美穂訳	三四〇〇円
エビデンスの時代のFD：現在から未来への架橋	林透・深野政之・山崎慎一・大関智史 訳	二八〇〇円
米国高等教育の拡大する個人寄付	福井文威	三六〇〇円
私立高等教育の拡大する個人寄付	福井文威	三六〇〇円
私立大学マネジメント	(社)私立大学連盟編	四七〇〇円
私立大学の経営と拡大・再編——一九八〇年代後半以降の動態	両角亜希子編	四二〇〇円
大学教学マネジメントの自律的構築	関西国際大学編	二八〇〇円
大学修成果への挑戦——地方大学からの教育改革	濱名篤	二四〇〇円
大学におけるライティング支援——どのように〈書く〉力を伸ばすか	関西大学ライティングラボ・津田塾大学ライティングセンター 編	二四〇〇円
グローバルに問われる日本の大学教育成果	加藤真紀	二八〇〇円
長期学外学修のデザインと実践——学生をアクティブにする	喜始照宣・松村克仁・井上克仁 編著	三二〇〇円
大学再生への具体像——大学とは何か【第二版】	潮木守一	二四〇〇円
リベラル・アーツの源泉を訪ねて	絹川正吉	三三〇〇円

〒 113-0023　東京都文京区向丘 1-20-6　TEL 03-3818-5521　FAX03-3818-5514　振替 00110-6-37828
Email tk203444@fsinet.or.jp　URL:http://www.toshindo-pub.com/
※定価：表示価格（本体）＋税

東信堂

学びと成長の講話シリーズ

①アクティブラーニング型授業の基本形と生徒の身体性　溝上慎一　二八〇〇円
②学習とパーソナリティ――「あの子はおとなしいけど成績はいいんですよね」をどう見るか　溝上慎一　一六〇〇円

①アクティブラーニングの技法・授業デザイン　安永悟編　一六〇〇円
②アクティブラーニングとしてのPBLと探究的な学習　溝上慎一　一八〇〇円
③アクティブラーニングの評価　石井英真・成田秀夫・松下佳代編　一六〇〇円
④高等学校におけるアクティブラーニング：理論編〔改訂版〕　溝上慎一編　一六〇〇円
⑤高等学校におけるアクティブラーニング：事例編　溝上慎一編　二〇〇〇円
⑥アクティブラーニングをどう始めるか　成田秀夫　一六〇〇円
⑦失敗事例から学ぶ大学でのアクティブラーニング　亀倉正彦　二六〇〇円

大学生白書2018
――今の大学教育では学生を変えられない　溝上慎一　二八〇〇円
アクティブラーニングと教授学習パラダイムの転換　溝上慎一　三八〇〇円
グローバル社会における日本の大学教育
――全国大学調査からみえてきた現状と課題　河合塾編著　二四〇〇円
大学のアクティブラーニング　河合塾編著　三二〇〇円
「学び」の質を保証するアクティブラーニング
――3年間の全国大学調査から　河合塾編著　二〇〇〇円
「深い学び」につながるアクティブラーニング
――全国大学の学科調査報告とカリキュラム設計の課題　河合塾編著　二八〇〇円
アクティブラーニングでなぜ学生が成長するのか
――経済系・工学系の全国大学調査からみえてきたこと　河合塾編著　二八〇〇円
社会に通用する持続可能なアクティブラーニング
――ICEモデルが大学と社会をつなぐ　土持ゲーリー法一　二〇〇〇円
ポートフォリオが日本の大学を変える
――ティーチング/ラーニング/アカデミック・ポートフォリオの活用　土持ゲーリー法一　二五〇〇円
ティーチング・ポートフォリオ――授業改善の秘訣　土持ゲーリー法一　二〇〇〇円
ラーニング・ポートフォリオ――学習改善の秘訣　土持ゲーリー法一　二五〇〇円

〒113-0023　東京都文京区向丘1-20-6　TEL 03-3818-5521　FAX03-3818-5514　振替 00110-6-37828
Email tk203444@fsinet.or.jp　URL:http://www.toshindo-pub.com/
※定価：表示価格（本体）＋税

━━━ 東信堂 ━━━

ネオリベラル期教育の思想と構造
——書き換えられた教育の原理　　福田誠治　六二〇〇円

世界の外国人学校　　福田誠治編著　三八〇〇円

アメリカ 間違いがまかり通っている時代
——公立学校の企業型改革への批判と解決法
　D.ラヴィッチ著／末藤美津子訳　三八〇〇円

教育による社会的正義の実現——〔1945-1980〕
——20世紀アメリカ教育史
　D.ラヴィッチ著／末藤美津子訳　六四〇〇円

学校改革抗争の100年——20世紀アメリカ教育史
——アメリカの挑戦
　D.ラヴィッチ著／末藤・宮本・佐藤訳　五六〇〇円

アメリカ公立学校の社会史
——コモンスクールからNCLB法まで
　W.J.リース著／小川佳万・浅沼茂監訳　四六〇〇円

アメリカ学校財政制度の公正化　　竺沙知章　三四〇〇円

現代アメリカの教育アセスメント行政の展開
——マサチューセッツ州（MCASテスト）を中心に
　　北野秋男編　四八〇〇円

アメリカ公民教育におけるサービス・ラーニング
　　唐木清志　四六〇〇円

〔再増補版〕現代アメリカにおける学力形成論の展開
——スタンダードに基づくカリキュラムの設計
　　石井英真　四八〇〇円

ハーバード・プロジェクト・ゼロの芸術認知理論とその実践
——内なる知性とクリエイティビティを育むハワード・ガードナーの教育戦略
　　池内慈朗　六五〇〇円

ハーバード法理学アプローチ
——高校生に論争問題を教える
　渡部・溝口・橋本・三浦・中原訳　三九〇〇円

社会を創る市民の教育
——協働によるシティズンシップ教育の実践
　　大谷・谷正明編著　二五〇〇円

現代ドイツ政治・社会学習論
——「事実教授」の展開過程の分析
　　大友秀明　五二〇〇円

現代教育制度改革への提言 上・下
　日本教育制度学会編　各二八〇〇円

日本の教育をどうデザインするか
　上村・村田・岩槻知也編著　二八〇〇円

協働・対話による社会科授業の創造
——授業研究の意味と方法を問い直す
　　梅津正美編著　三三〇〇円

社会科教育の未来——理論と実践の往還
　西村・梅津・伊藤・井上編著　二八〇〇円

社会形成力育成カリキュラムの研究
　　西村公孝　六五〇〇円

社会科は「不確実性」で活性化する
——未来を開くコミュニケーション型授業の提案
　　吉永潤　二四〇〇円

〒113-0023　東京都文京区向丘1-20-6　TEL 03-3818-5521　FAX03-3818-5514　振替 00110-6-37828
Email tk203444@fsinet.or.jp　URL:http://www.toshindo-pub.com/
※定価:表示価格（本体）＋税

東信堂

越境ブックレットシリーズ

いま、教育と教育学を問い直す ──教育哲学は何を究明し、何を展望するか	森田尚人 編著	三三〇〇円
教育的関係の解釈学	坂越正樹 監修	三二〇〇円
教員養成を哲学する──教育哲学に何ができるか	松浦良充 監修／下司晶・古屋恵太 編著	四二〇〇円
大学教育の臨床的研究──臨床的人間形成論第1部	田中毎実	二八〇〇円
臨床的人間形成論の構築──臨床的人間形成論第2部	田中毎実	二八〇〇円
人格形成概念の誕生──近代アメリカの教育	田中智志	三六〇〇円
社会性概念の構築──アメリカ進歩主義教育の概念史	田中智志	三八〇〇円
温暖化に挑む海洋教育──呼応的かつ活動的に	田中智志 編著	三二〇〇円
教育哲学のデューイ──連環する二つの経験	田中智志 編著	三五〇〇円
学びを支える活動へ──存在論の深みから	田中智志 編著	二〇〇〇円
グローバルな学びへ──協同と刷新の教育	田中智志 編著	二〇〇〇円
大正新教育の思想──生命の躍動	橋本美保・田中智志 編著	四八〇〇円
大正新教育の受容史	橋本美保 編著	三七〇〇円
空間と時間の教育史	宮本健市郎	三六〇〇円
アメリカ進歩主義教授理論の形成過程──教育における個性尊重は何を意味してきたか	宮本健市郎	七〇〇〇円
マナーと作法の社会学	加野芳正 編著	二四〇〇円
マナーと作法の人間学	矢野智正 編著	二〇〇〇円
応答する〈生〉のために──〈力の開発〉から〈生きる歓び〉へ	高橋勝	一八〇〇円
子どもが生きられる空間──生・経験・意味生成	高橋勝	二四〇〇円
流動する生の自己生成──教育人間学の視界	高橋勝	二四〇〇円
子ども・若者の自己形成空間──教育人間学の視線から	高橋勝編著	二七〇〇円

越境ブックレットシリーズ

	書名	著者	価格
⓪	教育の理念を象る──教育の知識論序説	田中智志	二二〇〇円
①	知識論──情報クラウド時代の"知る"という営み	山田肖子	一〇〇〇円
②	女性のエンパワメントと教育の未来──知識をジェンダーで問い直す	天童睦子	一〇〇〇円
③	他人事≒自分事──教育と社会の根本課題を読み解く	菊地栄治	一〇〇〇円

〒113-0023　東京都文京区向丘1-20-6
TEL 03-3818-5521　FAX03-3818-5514　振替 00110-6-37828
Email tk203444@fsinet.or.jp　URL:http://www.toshindo-pub.com/
※定価：表示価格（本体）＋税

東信堂

〒113-0023 東京都文京区向丘1-20-6 TEL 03-3818-5521 FAX03-3818-5514 振替 00110-6-37828
Email tk203444@fsinet.or.jp URL:http://www.toshindo-pub.com/
※定価：表示価格（本体）＋税